被消音的

陳盈如，趙華夏 主編

童言童語

自卑膽怯、社交恐懼、孤獨封閉……
那些「安靜」背後的原因，家長了解多少？

本書從不同面向深入剖析內向兒童的行為特點與成因，
帶領各位家長與那些沉默的孩子來一趟心靈溝通之旅！

不管問他什麼，他就是不肯開口，
最後露出一個尷尬又不失禮貌的微笑；
想要看他和其他小朋友打成一片，
他卻說大家看起來都好可怕……
難道得了自閉症？長大又該如何是好？

崧燁文化

目 錄

目錄

第三章　不可忽視孩子的社交課程

第四章　把孩子的優勢智慧發揮盡致

目錄 ━━━━━━━━━━━━━━━━

前言

常聽家長抱怨——

「孩子總是沉默寡言,也不喜歡與我們交談,真不知他在想些什麼,都快把我們急死了。」

「孩子從來不參加班上舉辦的活動,一點合作的意識都沒有。」

「孩子總是很悲觀,什麼事情都往消極方面想,整天都是一副憂心忡忡的樣子。」

顯然,這些都是性格內向孩子的表現。

對於現在的孩子,尤其是生活在城市高樓裡被溺愛浸泡的孩子來說,不喜歡與人交際、悲觀消沉是一種很普遍的現象。

有位兒童心理學家一針見血地指出:「內向的孩子不合群,甚至還有攻擊行為,即便長大了也很難與人合作。」面對這樣的孩子,父母往往表現得十分焦慮,不知如何是好。事實上,任何性格都是在不斷的修補中日臻完善的,同樣,孩子的內向性格也是可以透過努力來「糾正」的。尤其是孩子正處於個性特質初步形成期,家長應該抓住這個關鍵期,施加正確的引導,使其形成良好的品格和開朗樂觀、主動社交的性格。

美國著名外交家季辛吉可謂長袖善舞,在常人的眼裡,他絕非性格內向的人。然而,季辛吉小時候並不擅長與別人相處,他內向、自卑,只熱衷於指揮自己的錫兵們打仗。他的母親指著窗外一群吵鬧的孩子,問他:「孩子,你為什麼總是一個人玩呢?」

小季辛吉頭也沒抬,擺弄著地上的錫兵說:「可是,我覺得一個人玩很有趣啊!」母親默默地走出了房間,留下小季辛吉一個人在玩。

過了一陣子,母親帶了五、六個孩子回來,他們每個人的手裡都拿著自

前言

己心愛的玩具，有汽車、馬車、大炮，還有艦船……幾個孩子把這些玩具擺開，分成兩派，玩起了作戰遊戲。

小季辛吉看到了，覺得很有趣，母親就對那些孩子說：「為什麼不讓小季辛吉一起參加呢？」

孩子們毫不猶豫地說：「來吧，歡迎加入！」

小季辛吉看到大家熱火朝天的「戰鬥」，本來就心裡癢癢，如今獲得邀請，就拿著自己的錫兵興致勃勃地加入陣營。在與小朋友們的遊戲中，小季辛吉體會到他從來沒有過的歡樂。也正是這段經歷，從此改變了他的內向性格，深深地影響他的一生，為他日後成為一位叱吒風雲的外交家埋下伏筆。

可見，面對性格內向的孩子，家長千萬不要著急，更不要洩氣，相反，要給予孩子更多的愛、更多的耐心。其實，要培養一個合群、樂觀、善於與人交際的孩子，必須從消除那些造成孩子內向的因素入手。比如，要善於用溝通的鑰匙打開孩子的心門，要善於用優勢智慧強化孩子的信心，要善於營造輕鬆愉快的家庭氛圍……

其實，性格並沒有好壞之分，每種性格都有其優點和缺點。所以，如果你家裡有性格內向的孩子，你最需要做的就是盡快掌握教育內向孩子的方法，透過富有針對性的教育，使他們的優點進一步發揮拓展，使他們的缺點得到有效的彌補。

為了幫助諸位家長掌握正確「糾正」孩子內向性格的方法，編者從當今家庭教育的實際情況出發，結合眾多東西方教育專家的教育思想和成功的育兒經驗，透過對一個個生動、真實的家教案例進行精闢的闡述和獨到的分析，給予家長們春風化雨般的啟發。

編者

第一章
性格內向的孩子煩惱多

　　性格內向的孩子往往表現為自我封閉，他們很少與人接觸、交流。如此離群索居、耳目閉塞的結果往往是孤陋寡聞，由於對周圍的世界缺乏了解，對生活的社會適應不良，孩子會處處碰壁，從而滋長諸多煩惱。可以說，性格外向的孩子要比性格外向的孩子有更多的煩惱。

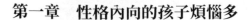

▌不知該如何說才好

　　馮保印是個害羞、內向的孩子，從小就不太愛說話。通常都是爸爸、媽媽問一句才答一句，也從來不會主動和爸爸、媽媽說話。在學校裡，他總是喜歡自己一個人玩，同學們在一起，大家都七嘴八舌地討論問題，而他卻總是保持沉默，老師問他為什麼這樣，他總是說：「我想說的，你們不是都說了嗎？」有時候，老師甚至都忘了班上還有一個叫馮保印的學生。為此，馮保印的爸爸媽媽很是著急。

　　心理學家分析，許多內向型的孩子之所以不善言辭、不敢在人多的場合說話，即便說話了也可能詞不達意或者說得斷斷續續，這與孩子的性格是大有關係的。因為，一般內向的孩子都害羞、膽怯、自卑、缺乏自信心，這些因素導致孩子不愛說話，也不敢說話。事實上，不管是內向型還是外向型的孩子，都具有語言表達的潛能，孩子的語言表達能力是訓練出來的，就在於家長怎麼去引導了。只要引導得當、訓練有素，即便是內向型孩子，也同樣能夠變得開朗、健談起來。

　　說起猶太民族，世人無不驚嘆其智商之高，能力之強。在猶太人中產生的諾貝爾獎獲得者、學科領域的代表人物以及各類專業人才，其人數之多，占人口比例之高，是其他民族望塵莫及的。然而，大家可能並不知道，猶太人在家庭教育中，非常重視語言教育。可以說，良好的語言能力是猶太人生存的基本要求，所以猶太人家庭從孩子幼年開始就注重孩子語言能力的培養。他們認為，語言是一切學習的基礎和最有利的工具，語言能力的高低與智力測驗的成績關係極為密切，語言能力強的人將來大都能夠學得更多、更快，而且不管做什麼事都比較容易成功。

　　弗萊明一家是典型的猶太家庭。在他們家裡，經常召開「家庭會議」。按照猶太教的規定，父親應該是「家庭會議」中的「主席」。家庭會議要討

論家中遇到的一切難題和重要事務。家中的每一個成員，包括未成年的孩子都要參加，並可以發表意見或舉手表決。

儘管弗萊明還不滿 10 歲，但家人總喜歡讓他發表議論，談自己對一些事物的看法與觀點。別看弗萊明小小年紀，他說的話往往令家長都刮目相看。

有一次，家庭會議研究幫弗萊明的小弟弟取什麼名字的問題。弗萊明主張幫這位比他小 8 歲的弟弟取名為亞歷山大。他解釋說：「亞歷山大大帝是一位見義勇為的英雄」，他還向大家滔滔不絕地引述了與此相關的一段關於馬其頓凱旋進軍的故事。

家人聽了弗萊明的故事，都非常贊同他的意見，因此幫弗萊明的小弟弟取名為亞歷山大。

看吧！這個小男孩表現出的口才、淵博的知識與智慧是多麼令人驕傲呀！類似的家庭會議在猶太家庭中比比皆是。正因為親子之間這種平等、民主、理解以及寬容的情感，使許多猶太孩子從小就能言善辯。

那麼，家長應該怎樣訓練內向孩子的語言表達能力呢？

➤ 家長要多與孩子說話：只要家長在家，就應該主動與孩子交談。在此過程中，家長要保持冷靜的心態，不要受其他事情的影響，也不要顯出不耐煩的樣子，要讓孩子感覺到輕鬆自在，而不是拘束。

➤ 激發孩子說話的積極性：當孩子講話遇到困難的時候，請相信這只是暫時的；當孩子的口才鍛鍊遭遇「瓶頸」時，請相信他依然有潛力，他會用加倍的努力來獲得成功。對孩子來說，沒有什麼比家長的信任更能鼓舞他的勇氣、保持自信了。

➤ 家長不要滿足於孩子用手勢來表達自己的要求，而要引導孩子用語言表達自己的意願。

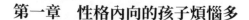

> ➤ 鼓勵孩子玩遊戲或參加有興趣的活動：引導孩子觀察周圍不同的事物，認識一些新的事物，用來增加家長與孩子彼此談話內容的豐富性，激發孩子用言語表達自己感興趣的事情。在遊戲中，家長要多與孩子交流，引發孩子說話的興趣。此外，家長還可以與孩子一起玩語言遊戲。語言遊戲很多，比如繞口令、學兒歌、看誰說得快、你說我猜等。這些語言遊戲對於提升孩子的語言能力是有很大幫助的。

> ➤ 家長可以為孩子選擇一些優秀的兒童歌曲或者童謠，讓孩子一邊聽，一邊跟著唱，從而促進孩子語言的發展。

除了以上的語言訓練法以外，家長還應注意尊重孩子的表達習慣。因為，內向型的孩子總是出言謹慎，他們在經過深思熟慮之後才會開口表達。因此，身為家長，要尊重孩子的言語習慣，不要心急地去打斷他的話，也不要一下子提很多問題，這會使他因緊張而語無倫次。家長不妨試著和孩子聊一聊你每一天的生活，如果你表現輕鬆隨意，那麼孩子也會更有自信，並且樂於與你交流。

▎難以適應新環境

在父母眼裡，11 歲的曹傑是個聽話、上進的乖孩子，可同時，他又是個性格十分內向的孩子。去年 9 月分，因為搬新家，曹傑轉到了離新家不遠的一所學校上學。但才過了不久，父母發現，曹傑像變了一個人一樣，整天悶悶不樂，做什麼事情都打不起精神來，動輒就和父母發脾氣，為一點小事情就大哭不止。近來更是演變到哭著、鬧著不肯去上學的地步。任憑父母怎麼勸說都不管用。

原來，換了新學校後，曹傑對新的環境適應不良。任課老師比較嚴格，授課風格與以前的老師也大不相同，因為對課堂內容難以消化，曹傑的課業

一落千丈。曹傑為此一直耿耿於懷，感覺很沒面子，再加上身邊沒有熟悉的朋友，他又因缺乏自信沒有主動去結交新朋友，以至於感到很孤獨。

　　一般來說，孩子生活的環境在他們各個年齡階段都具有相對的穩定性，在這相對穩定的階段，他們的衣、食、住、行、遊戲、求知和社交等方面都會產生相應的需求，形成相應的習慣。然而，孩子所處的環境不可能一成不變，隨著孩子年齡的增長，孩子從家庭進入學校，生活環境越來越廣闊、越來越複雜，而新的環境必定會對孩子提出新的要求，於是，原來的需求和習慣與新的環境產生了矛盾和衝突，這種矛盾和衝突反映在心理上，必然會使孩子感到不習慣、不愉快，甚至是適應不良。尤其是對於那些性格內向的孩子而言，他們甚至會因為環境的變化而引起心理和行為的異常反應。

　　心理專家認為，培養孩子良好的適應環境的能力，是保護其身心健康的關鍵。孩子有了良好的適應能力，不管社會怎樣變遷，或是個人遭遇什麼樣的問題，都可以擁有快樂的生活。

　　那麼，面對性格內向的孩子，家長該如何培養其適應新環境的能力呢？

➤ **培養孩子的獨立性**：在做每一件事之前，要讓孩子養成思考的習慣，考慮一下怎樣做會更好，然後再開始動手。日常生活中，孩子力所能及的小事，要鼓勵他自己去做，盡量避免一手包辦。對於孩子自己能做決定的事情，可放權給孩子，讓他自己做決定。

➤ **為孩子提供足夠多的社交機會**：孩子只有在團體環境中，在與別的孩子打交道的過程中，才能鍛鍊自己的性格和特質。家長應積極主動引導孩子與人交際，為孩子創造良好的人際環境。家長也可以提供一定的場合，加強對孩子的訓練，教孩子基本的社交技能，如謙讓、友好、協商、分享等。

第一章　性格內向的孩子煩惱多

> **不要過分干涉孩子間的交際**：孩子為了得到他人的接納，可能會表現出遷就、順從的行為，家長卻為此很不高興，覺得孩子受委屈、被欺負了，於是就出面干涉或阻止他們繼續往來。家長的這種行為常會讓孩子無所適從，找不到適合的社交方式，久而久之，孩子會喪失與人交流的熱情和自信。所以，家長不要過分干涉孩子間的交際。

> **讓孩子擁有足夠安全感**：家長要多關心孩子的身體和心理需求，經常擁抱和撫摸孩子，告訴孩子你愛他，讓孩子能真切感受到你無條件的愛。這樣孩子無論在何時何地，都會有安全感。

> **幫助孩子做好準備**：想讓孩子快速地適應新環境，需要家長在平時點滴的生活中多下工夫，幫助孩子形成良好的社交技能和心態。但每一個新環境的情況都不同，需要即時準備的東西也不同。所以要求家長根據新環境的情況為孩子做好準備，比如上幼稚園，在入園前夕，要根據幼稚園的作息時間，培養與之適應的生活習慣，要告訴孩子在幼稚園需要注意的事項等等。只有讓孩子對新環境做到「心中有數」，孩子才能更好地適應它。

為了讓家長更好地了解孩子適應新環境能力的強弱程度，特此列舉以下測試題，以供參考：

1. 孩子的身體健康，很少生病。

　　A. 是　B. 否

2. 孩子周圍很少有年齡相仿的朋友和他一起玩。

　　A. 否　B. 是

3. 孩子很善於動手解決生活中碰到的一些難題。

　　A. 是　B. 否

4. 如果能和更多的小朋友一起玩，孩子會很開心。

　　A. 是　　B. 否

5. 與其和大家去玩新遊戲，孩子寧願安安靜靜地看一下書。

　　A. 否　　B. 是

6. 孩子開始嘗試著交新的朋友。

　　A. 是　　B. 否

7. 孩子跟父母待在一起，感覺很安全。

　　A. 是　　B. 否

8. 孩子無法離開父母，哪怕一小段時間。

　　A. 否　　B. 是

9. 孩子喜歡將自己感興趣的故事講給別人聽。

　　A. 是　　B. 否

10. 孩子喜歡參加各式各樣的文藝表演。

　　A. 是　　B. 否

11. 孩子寧願待在家裡，也不太願意和小朋友們玩。

　　A. 否　　B. 是

12. 除了父母，孩子很少和其他成年人交談。

　　A. 否　　B. 是

13. 玩遊戲時，孩子從來只是參與者，而不是發起者。

　　A. 否　　B. 是

14. 孩子很願意學習自己感興趣的知識。

　　A. 是　　B. 否

15. 孩子經常參加戶外活動和遊戲。

　　A. 是　　B. 否

16. 在家裡，父母事事都順從孩子的意見。

　　A. 否　　B. 是

17. 在父母的引導下，孩子經常獨立做一些家事。

　　A. 是　　B. 否

18. 孩子對任何新鮮事情都好奇。

　　A. 是　　B. 否

19. 孩子見到陌生人時，通常不好意思說話。

　　A. 否　　B. 是

20. 在家裡吃飯時，孩子總是等大家都到齊了才開始吃。

　　A. 是　　B. 否

計分方法及測評標準

選 A 得 1 分；選 B 得 0 分，然後計算總分。

➤ 0～5 分：顯示孩子適應新環境的能力較差，適應新環境需要很長的時間，適應差異較大的環境尤其困難。

➤ 6～15 分：顯示孩子適應新環境的能力一般，適應新環境需要一定的時間，適應差異較大的環境具有一定困難。

➤ 16～20 分：顯示孩子適應新環境的能力較好，能很快地適應新環境，即使面對差異較大的環境，也能很快地適應。

總感覺矮人一截

龐程對自己的長相很不滿意，因為她長得又黑又瘦，還長著兩顆大虎牙。為此，班上的同學經常取笑她，還為她取了個綽號——「大暴牙」。為了隱藏自己的「不足」，龐程在人前總是裝著一副刻板、拘謹、不苟言笑的樣子，即便其他同學圍在一起講笑話，她也總是一個人默默無語地躲在角落裡看自己的書。在很多人眼裡，她是個性格內向的孩子。

有一次，學校舉行知識競賽，一個班級需選 3 名學生參賽，龐程幸運地被選中了，但她說什麼也不想去。老師沒辦法，只好請龐程的媽媽開導龐程。在媽媽的再三追問下，龐程才吞吞吐吐地告訴媽媽：「我害怕他們取笑我的長相，再說了，如果比賽輸了，同學們一定會更看不起我。」媽媽一時間手足無措起來。

顯然，像龐程這樣因為自己的某種不足而消極地逃避競賽的行為是一種自卑的表現。自卑是一種性格上的缺陷，來源於消極的自我暗示。具有自卑心理的孩子，對自己的能力等方面的評價一般都偏低，他們常常有一種低人一等自愧不如別人的感覺。對孩子來說，自卑是一種致命的缺陷，它會埋沒一個孩子的才能，導致孩子自暴自棄。

1951 年，英國有一名叫富蘭克林的人，從自己拍得極好的 DNA（去氧核糖核酸）的 X 光繞射照片上發現了 DNA 的螺旋結構之後，他將這一發現做了一次演講。然而，生性自卑的他又懷疑自己的假說是錯誤的，從而放棄了這個假說。1953 年，科學家沃森和克里克也從照片上發現了 DNA 的分子結構，提出 DNA 雙螺旋結構的假說，從而帶領人類進入生物時代。兩人因此獲得了 1962 年度諾貝爾醫學獎。

如果富蘭克林不因自卑選擇放棄，而是堅信自己的假說，進一步進行深入研究，這個偉大的發現一定會以他的名字載入史冊。可見，一個人如果成

了自卑情緒的俘虜，是很難有所作為的。

自卑會使人背上沉重的思想包袱，喪失前進的動力，進而影響其一生的發展。要消除孩子的自卑心理，不僅需要社會和學校的教育，更需要父母的努力。

他 45 歲就當上了美國奇異公司董事長和執行長，這是美國奇異公司自創立以來最年輕的一位董事長和執行長，他也是被譽為全球第一的 CEO，當代最成功的企業家。他的名字叫傑克‧威爾許。

但是誰都沒有想到，傑克‧威爾許在小學時候不但沒有那麼出色，而且還是個口吃的人。因為口吃他時常被同學嘲笑。

一天，他又因為上課回答問題時結結巴巴的，被全班同學哄堂大笑一番。他非常沮喪。

他回家跟媽媽說：「他們都嘲笑我，我是不是很糟糕？」

媽媽當然很難過，但是他媽媽不是一個尋常的媽媽，她想，對於孩子來說，這種情況下好像安慰並不會發揮很大的作用。

媽媽一臉歡笑地對他說：「哦！原來你是為這個傷心？」

「這是因為你的嘴巴沒有辦法跟上你聰明的腦袋啊！難道你不知道你遠比其他孩子聰明嗎？」媽媽十分自信地看著孩子。

傑克‧威爾許頓時心裡一亮，他從此不再為口吃而自卑了。也正因如此，他走出了自卑的陰影，很快就擺脫了口吃的毛病。

傑克‧威爾許說：「我們所經歷的一切都會成為我們信心建立的基石。」在整個學生時代，傑克‧威爾許的母親都始終是他最熱情的啦啦隊隊長。所有親戚、朋友和鄰居幾乎都聽過傑克‧威爾許的母親告訴他們的關於她兒子的故事。而且在每一個故事的結尾，她都會說，她為自己的兒子感到驕傲。正是這麼一位偉大的母親，造就了傑克‧威爾許自信的性格。

可以說，每一位家長都是孩子性格的鑄造師，每個孩子的成長軌跡，都深深地烙印著家長教育的印記。那麼，當孩子被自卑感所困擾時，身為家長，又應該怎麼做呢？

➤ **尊重與理解**：父母要尊重孩子的每一項決定，為孩子創造一種寬鬆、和諧的環境，使他們在一種沒有等級的氛圍裡消除自卑心理。

➤ **增加成功的體驗**：成功體驗是消除自卑、建立自信的關鍵，父母應為孩子創造條件，增加他們的知識和技能，鼓勵孩子參與適合自己的活動，讓孩子發揮自己的才能，幫助孩子建立自信心。

➤ **步步為營**：一位哲學家說過：「追求越高，才能的發揮就越充分。」對於自卑的孩子來說，與其空談立志，還不如訂幾個切實可行的小目標。給這些孩子適當的追求，讓大的目標分解成幾個小目標，做到一學期、一個月甚至一個星期都有目標可尋。目標變得小而具體，就易於實現，這樣，孩子就每時每刻都有成就感，就可更快地進步。

➤ **= 發揮長處**：「尺有所短，寸有所長」，每一個人都有自己的長處和優勢，同時也有自己的短處和劣勢。如果用其所短，而舍其所長，就連天才也會喪失信心。相反，一個人若能揚長避短，強化自己的長處，就是有殘疾的人，也能充滿信心，享受成功的快樂。因此，消除孩子的自卑心理，要善於發現他們的長處和優勢，並為他們提供發揮長處的機會和條件，這也是幫助孩子克服自卑心理的關鍵。

➤ **自我暗示**：心理學家莫頓曾提出「預言自動實現」的原則，認為人們具有一種自動實現預言的傾向。在孩子心裡，長期而穩定地放著一幅自我肖像，孩子會與它越來越接近。所以，如果孩子把自己想像成勝利者，將帶來無法估量的成功。當感到信心不足時，孩子應該進行積極的自我

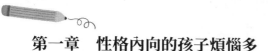

暗示，把「別緊張，我也可以」、「我一定能成功」之類的話寫下來，或者大聲說出來。

總之，自卑不是一朝一夕形成的，克服它需要長期的時間。父母要有信心、耐心、恆心，堅信在堅持不懈地努力下，孩子一定會逐漸克服自卑，建立自信，從而更加健康地成長。

一個人的日子好孤單

這是一位國小班導師的教育札記：

班上有個學生叫靳繼成，在上國小以前，他跟爺爺、奶奶生活在一起，沒上過幼稚園。上了國小以後，同學們下了課在一起玩，靳繼成卻總是孤零零地在旁邊站著，加入不進去。同學們都說靳繼成「古怪」，靳繼成很苦惱，向爸爸、媽媽哭訴。爸爸、媽媽也不知道是怎麼回事，為什麼在家乖乖的靳繼成與小朋友們玩不起來呢？

透過家訪與分析，發現，靳繼成的「古怪」其實就是孤僻。其形成原因就是小時候沒有學會與同伴進行交際和合作的技能——生活中，有些父母對自己的孩子過分保護，總是擔心出事，不讓他與「壞孩子」來往，對孩子的要求「有求必應」等，這樣教育出來的孩子要嘛急躁、自我控制能力差，團體遊戲時往往無視公共規則，不顧及別人；要嘛呆板、不愛活動，內心封閉、無法自如地與別人交際。這樣很易遭到同伴的冷落，時間一久會形成惡性循環，更加逃避與人交流。

孩子性情孤僻的表現是多方面的：

他們不懂得如何與人建立正常的連繫，缺乏與人交際、交流的傾向，有些孩子雖然不拒絕別人，但缺乏社交技巧；他們的目光不注視對方甚至迴避對方的目光，很少微笑，也從不會和人打招呼；他們的不合群還表現在對周

圍的事不關心，似乎是聽而不聞，視而不見，自己想怎樣做就怎樣做，毫無顧忌，旁若無人，周圍發生什麼事似乎都與他無關，很難引起他的興趣和注意，他們的目光經常變化，不易停留在別人要求他注意的事情上面，他們只生活在自己的小天地裡；他們言語很少，聲音很小，有時甚至不願說話而寧可用手勢代替；他們常常在較長時間裡專注於某件事，不肯改變其原來形成的習慣和行為方式；他們興趣狹窄，難以適應新環境；他們很少關心別人，更無視別人的關心。

在醫學界，嚴重孤僻甚至可以視為是一種病態，即常人所說的自閉症。近年來，自閉症發病率在全球呈急劇上升的趨勢。根據相關機構研究表示，與 1980 年代相比，現在自閉症的出現概率高了近 10 倍。在美國，每千名兒童中有 3 人在不同程度上患有自閉症，這些患有自閉症的孩子年齡一般在 5～17 歲之間。

石東從小就比同齡的小朋友顯得特別好動，注意力難以集中，老師經常責備他上課不專心，經常離開座位，沒有一個好朋友，無法和班上同學交流和友好相處，不懂得與人相處，有些言行別人難以接受，經常與別人發生衝突，同學們都不喜歡他。剛開始，母親還以為石東只是性格內向而已，沒什麼大不了的，後來問題越來越嚴重，就帶他到醫院檢查。石東與醫生交談時，不敢直視對方，只是低頭看著地板，他告訴醫生自己每天的生活都在「熬」，睡眠品質不好。醫生經過一番診斷後，肯定地告訴孩子的母親，孩子罹患了自閉症。後來，在醫生的指導下，母親一步一步地引導孩子走出孤單……一年多後，石東竟像變了一個人一樣，原來給人沉默不語的形象被活潑好動所替代。

對孩子自閉症的治療，大多採用藥物治療和教育訓練相結合的方法。不過藥物並非是治療的根本，治療自閉症應主要採用教育訓練。要根治孩子的

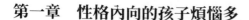

自閉症，培養一個合群、樂於交際、善於交際的孩子，必須從消除那些造成孩子孤僻的原因入手。

> **營造良好的家庭氛圍，改善家庭成員間的關係**：全家人應和睦相處、互相體諒，給孩子一個祥和、安全的家庭相處環境。盡量不在孩子面前過多地暴露父母雙方的分歧甚至爭執，避免為孩子的心理帶來陰影。除此之外，父母還要積極改善與孩子的關係，不要用傷害性的言語或消極話語責罵孩子。多給孩子一些溫暖，關心孩子的生活、課業和健康，每天抽時間與孩子玩遊戲、散步、交談，使孩子充分地感受到自己在父母心中的地位和分量，心中得到愛的滿足，建立安全感。

> **創造機會，讓孩子在環境中學會交際**：比如，讓孩子多參加幼稚園和社區舉辦的團體活動。從小生活在同齡人的群體中，孩子會逐步學會如何生活、如何與人相處。

> **尊重孩子作為主體的人格和權利，避免獨攬**：父母應注重培養孩子的生活自理能力，擺脫依賴思想，引導孩子學會關心自己的親人，注重親人的感受，防止過分的「以自我為中心」，父母不必時時刻刻陪伴在孩子身旁，要有意識地給孩子獨立遊戲的機會，讓孩子在獨自遊戲中獨立探索，解決問題，逐漸形成堅實的自信心。

> **建立良好的夥伴關係**：孩子孤僻、不合群，有時是由於無法聽取他人的意見、缺乏合作意識造成的。因此，要幫助孩子改變以自我為中心的心態，學會聽取小朋友的意見，分清是非。如父母可經常詢問孩子是否玩得開心，了解他們遊戲的情況，肯定孩子的正確做法，指出孩子的不當行為，如果其他孩子做錯了什麼，要讓孩子學會諒解。

▌膽小怕事，畏首畏尾

6 歲的華孟春非常膽小，一隻毛茸茸的寵物狗，就能把他嚇得直往媽媽身後躲；天黑後，他不敢一個人上廁所，非得有人陪著才肯去洗手間；家裡來了客人，他總是躲到爺爺、奶奶的身後，一副怯生生、不敢見人的模樣，有時索性躲到客廳的角落裡，自己玩拼圖；在社區裡玩被人欺負了，華孟春也從來不敢大聲爭辯，只會回到家裡哭泣……為此，華孟春的媽媽憂心忡忡：「孩子膽子這麼小，長大以後要怎麼做大事呢？」華孟春的爸爸更是惱火，訓斥華孟春：「男孩怎麼可以這麼膽小？真是窩囊廢！」為了讓華孟春變得勇敢起來，爸爸每晚都講人類戰妖魔的童話給他聽，但華孟春非但沒變得勇敢，反而越來越膽小。

華孟春的這種表現正是性格內向、怯懦的反應。一般來說，性格內向、怯懦的孩子常常表現得膽小怕事，做事情畏畏縮縮，經常不敢獨自出門……現實中，孩子怯懦會丟失很多好的機會，對孩子一生的發展都極其不利。蘇聯作家、詩人巴斯特納克說過：「勇敢能掃除一切障礙。」當今這個機遇與挑戰並存的時代，孩子要想輕鬆應付，在競爭中取勝，就更需要有堅定的勇氣做伴。

對於孩子來說，從小培養他們勇敢的性格意義重大：首先，勇敢能讓孩子擺脫「害怕」的心理困擾，使他們能夠大膽積極地投入生活，與人交際；其次，勇敢的孩子不怕失敗，更不怕嘲笑，他們能積極踴躍地在班上發言，即使錯了，也全然沒有負擔；再則，勇敢的孩子獨立性強，能承擔起許多責任。他們不依賴大人，遇到事情更不會畏畏縮縮。此外，勇敢的孩子喜歡據理力爭，只要自己認為是對的，便會遵循原則，毫不退讓。

一位年輕人在一家全球知名的公司找到了一份工作，半年後，他很想了解公司總裁對自己的評價，雖然他覺得事務繁忙的總裁可能不會理睬，但這

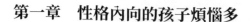

第一章 性格內向的孩子煩惱多

位年輕人還是決定寫一封信給總裁。他在信中向總裁問了幾個問題，最後一個，也是最重要的一個問題是：「我能否在更重要的位置上做更重要的工作？」

沒想到總裁回信了，他沒有回答這位年輕人的其他問題，只對他最後的問題作了批示：「剛好公司決定建一個新廠，你去負責監督新廠的機器安裝吧！但你要有不升遷也不加薪的準備。」連同那封回信的，還有總裁給他的一張施工圖紙。

年輕人沒有經過安裝機器的任何訓練，卻要在短時間內完成任務，在一般人看來，這是非常困難的。那年輕人也深知這一點，但他更清楚，這是一個難得的機遇，如果自己因為困難而退縮，那麼可能永遠也不會有幸運垂青於他。於是他廢寢忘食地研究圖紙，向相關人員虛心請教，並和他們一起進行分析研究。最後，工作得以順利開展，並且提前完成了總裁交給他的任務。

當這位年輕人向總裁匯報這項工作的進展時，意外的是，他沒有見到總裁。一位工作人員交給他一封信，總裁在信中說：「當你看到這封信時，也是我祝賀你升任新廠總經理的時候。同時，你的年薪比原來提高 10 倍。據我所知，你是無法看懂這圖紙的，但是我想看看你會怎樣處理，是臨陣退縮還是迎難而上。結果我發現，你不僅具有快速接受新知識的能力，還有出色的領導才能。當你在信中向我要求更重要的職位和更高的薪水時，我便發現你與眾不同，這點頗令我欣賞。對於一般人來說，可能想都不會想的事，或者只是想想，但沒有勇氣去做，而你做了。新公司建成了，我想物色一個總經理。我相信，你是最好的人選，祝你好運。」

很多時候，我們之所以沒有成功，缺乏的不是才能和機遇，而是那種大膽嘗試的勇氣。案例中的這位年輕人拿出了勇氣主動出擊，終於使那些「不

「可能」變成了「可能」，他的大無畏精神值得每一位家長、孩子學習。

如果家裡有膽子小的孩子，家長不妨用下面的方法進行引導：

> **家長做好表率**：可以想像，家長如果在日常交際中也畏首畏尾，比較怯懦的話，孩子膽子大的可能性就會很小。孩子的模仿能力是很強的，他們會仿效家長的做法，在社交中表現被動的一面。所以，要想讓孩子擺脫怯懦，家長自己首先就應該做好表率。

> **創造暢所欲言的環境**：家長應製造活躍、融洽的家庭氣氛，讓孩子在家裡暢所欲言，培養孩子快樂、活潑的性情。

> **抓住孩子的興奮點，及時引導**：孩子一般都有表現欲，在興奮的時候膽子最大，表現欲也最強，這時家長若能及時引導、督促，孩子就會勇敢地表現自己。

> **多給予鼓勵**：即使家長責備害羞的孩子時，也一定要注意措辭，盡量以鼓勵為主，不要讓言語在無意中傷害了孩子的自尊心。平時，不要在別人面前為孩子戴上「這孩子就是膽小」之類的帽子，這種定性的話只會產生負面的強化作用。時間長了，孩子會以為自己天生就是膽小的人。

> **多帶孩子外出，開闊眼界**：家長要多創造外出活動和與人交流的環境，使孩子隨著年齡的增長，不斷地擴大認知及交際範圍，使他在接觸陌生人的交際中，不斷地增強感知能力和記憶能力。

> **讓孩子經歷磨難**：家長要有意識地為孩子製造一些障礙，讓他們自己想辦法克服，或是在孩子遇到困難時，有意識地袖手旁觀，讓孩子憑藉自己的力量去戰勝困難。這樣做的好處是，孩子在獨立克服困難後，會更有成就感，而成就感是激起一個人勇氣和信心的力量。當然，當孩子的力量單薄，無法與困難抗衡時，家長要適時地伸出援手。在恰到好處的時候幫助孩子比一味溺愛更能教育孩子，更能鼓勵孩子。

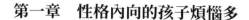

第一章 性格內向的孩子煩惱多

▋優柔寡斷，舉棋不定

　　蔡晶晶已經是國中一年級的學生了，但她對任何事情都沒有自己的看法。在家裡，她經常問媽媽：「媽，我明天是穿褲子，還是穿裙子呢？」在學校裡，她經常問老師：「老師，你說我是參加活動好，還是不參加活動好？」在生活中也是一樣，蔡晶晶看到別的同學穿吊帶褲，她也要求媽媽買給她，但吊帶褲買回來後，她才發現，由於她個子矮，根本不適合穿，最後只得送人。

　　很多內向的孩子都有一個共同的特徵，那就是遇到事情舉棋不定、猶豫不決、不果斷，更有甚者，喜歡人云亦云，表現在人際關係中，就是一味無原則地迎合和遷就別人。這樣的孩子往往得不到他人的尊重，常常成為受人欺負的對象，長此以往，對孩子的成長與心理健康都是不利的。

　　在日常生活中，家長應注意觀察孩子的一言一行、一舉一動，如果孩子的言語中表示出「但願」、「我做不到」或「我不得不」等字眼時，就說明孩子的心態是消極的，做事是被動的，這不利於孩子的健康發展，應給予關心並努力去改變孩子這種不良的心態。相反，如果孩子習慣於說「我選擇……」、「我要……」、「我認為……」等句子時，這就代表孩子擁有積極主動的心態，這種心態有利於孩子的健康發展，家長應給予及時鼓勵。

　　小紅從幼稚園一直到上國小，她的事情都是由媽媽包辦的，她則樂得逍遙自在。可是，在學校這個大團體裡，孩子的弱點很快就顯現出來了，老師說什麼，她就做什麼；同學講什麼，她也就信什麼。

　　為了讓女兒對事情有自己的見解，媽媽為她提供了許多實習的機會。買衣服時，讓她自己選擇款式、顏色；買書包時，無論是米奇卡通公主系列的，還是史努比減負系列，都由她自己決定；買文具、課外書等都是如此。

一開始，小紅動不動就問媽媽哪一種更好，媽媽會告訴她：「自己的事情自己決定，自己喜歡哪一種就要哪一種。」

就這樣從買東西開始，小紅漸漸有了自己的想法。每當她們母女倆的眼光出現差異時，小紅都會對媽媽說：「媽媽，我認為我選的這個款式比較好。」而且還會像個小專家似的說得頭頭是道。

如果想讓孩子做一個積極主動、對自己負責的人，就要讓孩子立即行動起來，嚴格要求自己。當然，家長也要做好孩子的監督工作。

要培養孩子果敢、決斷的性格，家長需做到以下幾點：

➤ **放手讓孩子去做力所能及的事**：孩子的特點是好奇、好動的，通常都願意參加一些活動。成人要儘早讓孩子練習一些基本生活技能，如穿衣、穿鞋、擦桌子等。凡是孩子能夠做到的，家長盡量不插手，要給孩子足夠的時間去思考、嘗試，發現自己的能力。孩子一旦感覺自己有能力去做好某件事時，就會果斷地去做。

➤ **創造機會，鼓勵孩子下定決心**：一個人在做出決定之前，需要考慮利弊得失後，再做出最佳選擇。家長應在一定範圍內給孩子充分自主的機會，讓孩子有自我決策和選擇的權利，憑自己的思考、能力去決定做什麼事、如何做，如去商店為孩子選購衣服，價錢由家長選定後，要鼓勵孩子自己決定選擇自己喜歡的款式與花色。

➤ **從意識上真正把孩子作為一個獨立的人來對待**：家長不妨回憶或反思一下：在關係到孩子個人生活和課業的事情方面，自己是否充分考慮了孩子的實際情況和需求？是否尊重了孩子的意見？是否給了孩子充分表達自己感受的機會？如果家長想讓孩子成為一個有主見的人，就從這些方面入手吧！

第一章　性格內向的孩子煩惱多

➤ **幫孩子擺脫依賴心理**：遇事能夠徵詢他人意見，借助他人的智慧，再自己做出正確決策，無疑是值得提倡的。但是缺乏主見的孩子不是這樣，他們遇到一點事就問別人怎麼辦，完全等著別人決定，這是孩子的依賴心理在作怪，只有想方設法幫他拿掉這個「拐杖」，他的自主意識才能成長起來。如當孩子遇事向家長問意見時，家長不要馬上教他如何做，而要引導和鼓勵他拿出自己的意見，哪怕孩子說出的意見沒有多少價值，也要先予以鼓勵，再幫其完善，最後要讓孩子感到，這個決定是自己做出的，以此來培養孩子的自信、自強、自立的勇氣和信心，久而久之，孩子果敢的性格就會逐漸形成。

➤ **家長不要過分嚴格要求孩子**：家長望子成龍心切，對待孩子往往期望過高，總是不滿意孩子的表現，讚許少、責罵多。有些家長還讓孩子做力所不能及的事，又不幫助他，結果，孩子常常會感到失敗的痛苦，缺乏自信，害怕做錯事，更舉棋不定。孩子做事不會天生就果斷，家長不應過分苛求，而要讓孩子在自我鍛鍊中培養果斷的意志品格。

➤ **鼓勵孩子當斷則斷，勿求「萬全之策」**：有些孩子遇事猶豫不決，其中的重要原因是怕自己考慮得不周全。這本無可非議，但是，周全與否是相對的。萬事不可能十全十美，很多人就是在追求完美中猶猶豫豫甚至坐失良機的。要讓孩子懂得，凡事能有七八分的把握，就應該下定決心了，這對於孩子形成果斷性格會大有裨益。

總之，一個人遇事反反覆覆、猶豫不決、總無法決定，是意志薄弱的表現，它直接影響著一個人選擇能力的形成，而選擇能力的強弱又對人的成功與否產生至關重要的作用。可以說，人是在各式各樣的選擇中度過人生的每一步的。其中，有些選擇會直接影響自己或他人一生的命運。而優柔寡斷、猶豫不決，正是選擇的大敵。

孩子將來要獨立面對紛繁複雜的社會局面，身邊不可能總有家長的話可聽，若在關鍵時刻自己舉棋不定，那就極有可能要誤事吃虧的。因此，家長要儘早教會孩子有自己的主見，對自己負責，鍛鍊孩子「拍板」的能力。

心胸狹窄喜歡計較

于平今年讀五年級，他做事認真，學業成績優秀，但就是性格內向，心胸狹窄，容不得別人對自己「使壞」。有時，在達不到自己的願望時，他會亂發脾氣。在學校，與同學發生矛盾後，他也常常懷恨在心，還會把一些陳年舊帳翻出來，詆毀、威脅同學。

有一次，班長在管理班級事務時沒有處理好而冤枉了于平，于平因此和班長發生矛盾衝突，產生了報復心理，他對班長大打出手，幸虧班導師及時趕到解了圍。于平覺得非常委屈，明明是自己有理，為什麼老師還責備自己呢？從此以後，他對班導師非常不滿，學業成績也因此下降了很多。

生活中，不少性格內向的孩子由於封閉自我、缺少與人交際的機會，以致心胸越來越狹窄，無法包容別人的哪怕一點點過失。在這些孩子看來，別人對自己的「不敬」，其實就是別人在與自己作對。常有家長為此困惑，為什麼自己的孩子這麼錙銖必較呢？為什麼孩子總是覺得別人對不起自己呢？為什麼孩子無法虛心地接受他人的責備呢？其實，這都是孩子不懂寬容惹的禍。

某電視臺節目知名主持人在兒子出生時，寫了一封信給他，作為兒子人生之始的禮物。他以自己的方式，把這封信投進了未來歲月的信箱。他在信中寫道：「如果所有的美德可以自選，那麼孩子，就先把寬容挑出來吧！在馬上到來的世紀裡，也許和平和安靜很昂貴，不過，寬容能鬆弛別人，也能撫慰自己，它會讓你把愛放在首位；寬容會使你隨和，讓你把一些看得很重

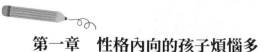

的事情看得很輕；寬容還會使你不致失眠，再大的不快，再激烈的衝突，都不會在寬容的心靈裡過夜。」

是呀！如果一個人總為過去的事情耿耿於懷，是不會開心起來的。家長應引導孩子做一個胸襟豁達的人。

古希臘神話中有一位力大無窮的英雄叫海克力斯。有一天，海克力斯在山路上行走時，發現路中間有個像袋子的東西很礙眼，便踢了它一腳。誰知那東西不但沒有被踢開反而膨脹起來。海克力斯有點生氣，便狠狠踩了一腳想把它踩破，哪知那東西不但沒被踩破反而又膨脹了許多。海克力斯惱羞成怒，拿起一根碗口粗的木棒狠砸起來，那東西竟然加倍地膨脹，最後大到把路堵死了。

一位聖人路過，連忙對海克力斯說：「朋友，快別動它，忽略它，離開它遠去吧！它叫仇恨袋，你不犯它，它便小如當初，你的心裡老記著它、侵犯它，它就會膨脹起來，擋住你前進的路，與你敵對到底！」

仇恨正如海克力斯所遇到的那個袋子，開始很小，如果你忽略它，它就會自行消亡；如果你老是想著它，它就會在你心裡不斷膨脹。人的心中一旦充滿了仇恨，就再也裝不下別的東西。這種狀態下，人最容易失去理智，在仇恨的指引下做出後悔莫及甚至葬送自己前程的事情。

古人云：「壁立千仞，無欲則剛；海納百川，有容乃大。」為人處世，當以寬大為懷。寬容，是中華民族的一種傳統美德。宰相肚裡能撐船，大肚能容天下難容之事，生活之中難免有碰撞摩擦，一句善意的道歉，一個真誠的笑臉，就足以讓矛盾冰消雲散，就足以讓不快隨風而去。從歷代的帝王將相，到民間的凡夫俗子，從一個大國，到普通的小家庭，之所以能夠和睦相處，就是因為在每個人的心靈深處，盛開著一朵寬容之花，那是天底下最美的花朵。

身為家長，可以透過以下教育方式，讓孩子在生活中拋棄狹窄的胸懷。

第一，教孩子勇於承認錯誤，拋棄積怨。家長要告訴孩子，不念舊惡，才能讓自己變得更加快樂。父母要了解孩子的能力、愛好、性格和心態，對孩子循循善誘，有意識地教孩子學會發現錯誤，喚醒孩子的責任心，讓孩子學會自我反省、承認錯誤，化「敵」為友，拋棄積怨。尤其要疏導、轉移孩子對矛盾結果的注意力，只有這樣，才能反思原因，檢討自己的過失，包容別人的缺點與失誤行為，幫助別人改正錯誤，這樣才有利於增進友誼。

第二，讓孩子不苛求別人，不斤斤計較小事。人與人相處，難免會有誤會或摩擦，所以要有忍耐、包容、體諒的心態，不斤斤計較、患得患失，將心比心，多從對方的角度考慮問題，要把度量放寬、眼界放遠，這樣才能更好地化解矛盾。

第三，做孩子的榜樣，讓孩子學會感謝、感恩。家長應從兩方面做起：首先，父母要做孩子的榜樣，遇到矛盾或衝突時能寬宏大量，不計較得失，不怕吃虧，得饒人處且饒人，以此使孩子受到薰染與教育，孩子才能在相應的時候做到寬容他人。其次，父母要以身作則，為孩子營造一個和睦溫馨、相互寬容的家庭環境。孩子從小生活在一個溫馨和諧、寬容友愛的家庭中，潛移默化，將逐步形成穩定的寬容忍讓、懂得感恩的良好涵養。再次，讓孩子做一些必要的家事，學會互換角度，站在父母的角度來理解父母，讓孩子感受到對父母的回報也是應該的。

第四，讓孩子樂觀向上，爭取力爭上游。寬容別人首先要自己樂觀。悲觀之人總是心情壓抑、鬱悶，容易想到人或事物不利的一面，所以常常對別人不滿或者發脾氣。樂觀之人總是心態寧靜，相信自己，鼓勵自己，成就自己。另外，寬容大度之人一般比較優秀，而真正優秀的人，容易坦然接受他人的過失，與人為友。

阿諾德說過:「寬容是在荊棘叢中長出來的穀粒。」寬容使人清醒、使人明智、使人坦然、使人明辨是非,同時,不計個人得失,可以讓人著眼於一生一世,而不是一時一事。家長要時刻告誡孩子寬容待人,多一份諒解,多一份寬容,多一份寬待,多一份善意,我們的生活就會更加和諧,人生也會變得更加精彩。

▌只顧自己,我行我素

高兵兵在家裡是獨生子,深受爸爸、媽媽、爺爺、奶奶的疼愛。從小時候起,家裡所有的人都會不約而同地把好吃的、好玩的留給高兵兵,高兵兵逐漸地變得很「獨」。曾經有一次,爸爸下班晚了,實在太餓了,進家坐下後,順手拿起高兵兵的餅乾就吃起來了。這些餅乾已經買回來好久了,高兵兵根本不喜歡吃。然而,高兵兵看到後不高興了,叫爸爸把餅乾還給他,甚至伸手要到爸爸嘴裡去搶,儘管媽媽一再表示第二天一定會買更多的餅乾給他,但還是無法說服高兵兵,他不僅哭鬧,而且還躺在地上打滾,不依不饒。最後,還是爸爸說帶他去吃西餐,才阻止了高兵兵的哭鬧。

高兵兵對於他的玩具更是絲毫不讓別人碰,鄰居家的小朋友金玲來玩耍,看見高兵兵的電動火車非常好玩,便忍不住用手去摸,並且對高兵兵說:「你的火車好威風呀!」說話的過程中,她的眼神中無不流露著對小火車的喜愛,誰都能看出金玲是多麼希望能玩一下子。可是高兵兵卻很小氣地將電動火車藏起來了,並且對金玲說:「這個是我爸爸買來給我玩的,妳回家叫妳爸爸買給妳呀!」

「以自我為中心」是很多內向孩子成長過程中出現的一種不正常的心理現象,它會讓孩子落入孤獨無援的處境裡。這是因為,自私自利的孩子往往只顧自己,不考慮他人的想法和感受。他們凡事只關心自己,對於別人的付

出絲毫沒有感激之情。同時，自私自利的孩子很難交到知心朋友，很可能會離群索居。因為他們缺乏愛心，不僅不願意幫助別人，不善於與人合作，還總擔心自己吃虧，或者在金錢和財物上吝嗇貪婪，自己的東西不願與人分享，而別人的東西卻拿得越多越好。這樣的人，最終只會游離於社會之外，成為一個沒有人愛護、不受歡迎的人。

要想改變孩子自私自利的缺憾，家長需要學習並採取合理的教育方式，在正確認知兒童自我意識發展規律的基礎上，做出以下努力。

第一，幫助孩子形成正確的自我意識。要改變孩子「自我為中心」的壞習慣，家長應該取消孩子在家中的「特殊」地位，合理滿足孩子的需求，讓孩子知道自己在家庭中與其他成員是平等的，對孩子的不合理要求，家長應堅決拒絕，以消除其「以自我為中心」的意識。家長應該透過各種方式使孩子懂得世界上的一切事物都需要分擔共用，並使其懂得應該經常關心他人，而不能放任孩子「以自我為中心」的心理。同時應幫助孩子建立團體思想，這樣可以使孩子「以自我為中心」的行為逐漸減少。

第二，客觀地了解自己的孩子。觀察孩子時，不能只看自己的孩子是否精神飽滿、是否能融入社會，一定要和別人家的孩子相比較來觀察。如有可能，可以多帶孩子參加一些公益性的活動，如捐款、幫助鄰居倒垃圾等，培養孩子的社會意識。

第三，教孩子運用「角色互換」，弱化「以自我為中心」心理。「角色互換」就是轉換與他人的位置，實際體會別人的需求、感受與喜怒哀樂。如孩子做了對不起別人的事，家長應要求孩子站在別人的角度想一想：如果另一方是自己會是什麼感受。這樣就會使孩子為自己的行為不安、羞愧。「角色互換」能很好地發揮弱化「以自我為中心」的作用，幫助孩子從自己的角度出發轉為能考慮別人的感受和需求。

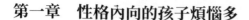

第四，制定規矩，拒絕孩子不合理的要求。家長可以制定一些規矩，並耐心、詳細地向孩子講解這些規矩，讓孩子在遵守這些規矩的過程中，明白他是家庭與社會的一員，遵守一定的規矩是必須的。需要特別提醒的是，不管孩子如何哭鬧，一旦規矩設立，家長就一定要堅持原則，只有這樣才能讓孩子明白無論如何，他必須遵守這些規矩。如果家長輕易地因為孩子的哭鬧而將規矩拋到一邊，那麼，這些規矩就會形同虛設，同時家長的威信也會在孩子的眼裡大打折扣。

第五，鼓勵孩子參加團體活動，培養孩子共同合作的意識。對於已入學的孩子來說，團體就是小組、班級、學校等。孩子可在這些團體中學習和生活，與其他同學團結互助，共同完成團體活動，從而逐漸形成共同合作的團體意識。一般情況下，以自我為中心的孩子在團體中，往往與他人格格不入，做事斤斤計較，缺乏與他人的合作能力。因此，父母應與學校老師保持一定的聯繫，了解孩子在團體中的表現，耐心傾聽孩子在團體活動中的感受，支持孩子踴躍參加團體活動，為他人服務，培養孩子謙讓、守禮、樂於助人的良好行為。

第六，讓孩子自己去處理人際關係。孩子和小朋友一起玩，家長不要摻和進去，即使小朋友之間發生問題，也要叫他們自己去解決。讓孩子學會理性地處理和同伴之間的矛盾 —— 哭是無法解決同伴之間的問題的，只有充分對話才能成為朋友；在與小朋友往來的社會生活中，孩子會逐步意識到凡事都不是自己所想像的那樣，不能為所欲為。在這樣的認知過程中，孩子才能逐漸改變「以自我為中心」的性格缺陷。

第七，教孩子學會尊重別人的意見。家長要教育孩子虛心學習同伴的長處，尊重別人的意見，珍惜與同伴們之間的友誼，不把自己的想法強加於人等，這樣可以制止孩子的某些「以自我為中心」的行為。

為什麼受傷的總是我

　　鄧曉娟是個內向害羞的女孩子。在鄧曉娟上幼稚園的時候，她每天回家跟爸爸媽媽投訴：今天哪個小朋友打她了，哪個小朋友推她了，哪個小朋友扯她辮子了。剛開始的時候，爸爸媽媽將信將疑，後來，媽媽特意到幼稚園去了一趟，看見鄧曉娟一個人嘟著嘴，一聲不響抱著一個玩具，別的小朋友卻三五成群地在一起玩遊戲。過了一陣子，一個壯實的男孩子向鄧曉娟走過去，媽媽起初以為他要和女兒一起玩，然而，緊接著的一幕卻讓鄧曉娟的媽媽非常揪心：那男孩也不知和鄧曉娟說了什麼，鄧曉娟一言不發，低著頭，默默地把手裡的玩具送到對方手裡。看著鄧曉娟軟弱的表現，媽媽心中有些著急了。

　　媽媽和鄧曉娟談了幾次，要求鄧曉娟要維護自己的權益，被小朋友欺負了要及時告訴老師，還特地交代老師，要求老師多關照鄧曉娟，但鄧曉娟軟弱的個性並沒有因此有所改善。

　　生活中，像鄧曉娟這樣的孩子不在少數，因為性格軟弱，神經受不了太激烈的刺激，因此在遇到競爭和壓力大的情況時，孩子往往會採取退縮的方式，保護脆弱的神經系統。這導致他們做起事來畏首畏尾，被欺負或者遇到不公平的待遇不敢聲張，有道理不敢與人爭辯。

　　有兩個農夫在各自的田地裡許願。

　　一個農夫說要他的地裡不要大風雨、不要下雪、不要地震、不要乾旱、不要冰雹、不要蟲害。

　　另一個農夫說，這些都沒事，只要能看著我的麥子還存在、還活著就行。

　　結果，那一年，天氣都隨了他們的願，那個什麼都不要的農夫，麥穗果然結得很大很多，但是麥穗裡面卻沒有一粒麥子，全部是空的。而另一個農夫，看上去只是短短的麥穗，但是裡面卻是豐滿的果實。

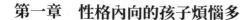

第一章　性格內向的孩子煩惱多

　　第一個農夫始終想不明白，為什麼自己這般「呵護」麥子，反倒沒有讓麥子生出「感激」之情，結出豐碩的果實，而另一個農夫的那些飽受風雨侵襲過的麥子，卻能夠無怨無悔地獻上豐碩的果實？這是多麼不公平呀！其實，道理很簡單，溫室裡的鮮花生命力永遠比不上山間的野草，沒有經歷過風雨的麥苗決然不會為了生存努力尋求發展。只有在惡劣環境中生存起來的麥苗，才能在挫折與磨難中不斷充實自己，力爭上游，從而收穫秋日的豐盈。同樣，家長要改變孩子軟弱的性格，就必須要讓孩子經受一些磨練。

　　要改變孩子軟弱的性格，家長可以從以下幾方面做起：

　　第一，家長不要對孩子表現出失望的情緒。面對軟弱的孩子，家長千萬不能流露出沮喪和惱怒，這樣會令孩子更加難過。

　　第二，家長要經常關心、鼓勵孩子。家長每天要抽出一些時間，在輕鬆自如的氣氛中，和孩子推心置腹地談談課業、生活，鼓勵孩子不加掩飾地談談自己遇到的困難，遭受的挫折；同時，家長也應該談談自己平時在工作、生活中遇到難題時是如何對待的；當孩子遇到困難時，家長千萬不能大聲呵斥或粗暴責問，而應施以更多的關愛，如給孩子安慰，使他緊張的情緒得以鬆弛，或與孩子坐在一起，若無其事地跟他談心，讓孩子主動訴說自己的不幸與委屈，只要家長能認真地聽其傾訴，家長充滿愛的信任和鼓勵，就一定會喚醒孩子的勇氣，激發他的自尊，使孩子盡快擺脫不良的情緒，高興地投入到課業、生活中去。

　　第三，讓孩子多接觸同伴，鍛鍊自己。心理學家指出：孩子的性格在遊戲和日常生活中表現得最為明顯，這也是糾正不良性格的最佳途徑。愛模仿是孩子的一大特點。家長要讓性格軟弱的孩子經常和膽大勇敢的同伴在一起，孩子跟著做一些平時不敢做的事情，並將同伴的言行舉止作為自己模仿的對象，耳濡目染，慢慢地得到鍛鍊，就會變得勇敢、堅強起來。

第四，家長要尊重孩子，不當眾揭孩子的短。相對來說，性格軟弱的孩子感情較脆弱，家長尤其要注意保護孩子的自尊心。如果當眾揭孩子的短，會損傷孩子的尊嚴，讓他覺得無地自容，臉上無光而羞於見人，在無形中以不良刺激強化了孩子的弱點。如果確實需要指出孩子的缺點，應在肯定孩子成績的前提下，用提建議和希望的口吻指出孩子的不足。在這種情況下，大多數孩子都會願意接受的。

第五，給孩子一定的獨立空間。孩子就像樹木，會越長越大，所需要的空間也會越來越大。書本和課堂只是孩子獲取知識的管道，而不是孩子生命成長的空間，家長要為孩子創造獨立的空間，讓他自由地呼吸，那他就會茁壯成長。

第六，給予孩子自信。自信是一份沉甸甸的厚禮，無論贈予誰，都會成為成長的動機。一個擁有知識的人，不一定能夠走很遠，但一個擁有自信的人，必能走遍天涯海角。自信的教育就是教孩子學會自己為自己打氣。自信心建立在自我肯定的基礎之上，否定的教育絕不可能培養出有自信心的孩子。做家長的誰不望子成龍？激勵孩子成才的方法很多，但給孩子一份自信卻更重要，在教給孩子別用仰視的眼光看自己的同時，還要指導孩子用平視的目光看待自己，千萬別讓孩子在你俯視的目光下失去自信啊！

第七，鼓勵孩子迎上前去。生活中，有很多軟弱的孩子一遇到困難、挫折就開始退縮，以為這樣就可以逃避困難，不必去面對。實際上，孩子一旦產生了退縮的心理，就永遠不可能變得堅強、勇敢起來，因此，如果你希望自己的孩子不是一個懦夫，就應該鼓勵孩子，直面困難，迎上前去，不管是「刀山」還是「火海」，自己都應該試一試。孩子一旦初試成功，以後他們遇到同樣的難題時，就能夠很好地去解決。

第一章　性格內向的孩子煩惱多

第二章
溝通是打開孩子心門的鑰匙

　　蘇霍姆林斯基說：「如果孩子不願意把自己的歡樂和痛苦告訴父母，不願意與父母開誠相見，那麼談論任何教育總歸都是可笑的，任何教育都是不可能有的。」性格內向的孩子往往會把心門關閉，不喜歡別人的打擾，而家長要想打開孩子的心門，就必須要運用溝通這把鑰匙。要知道，溝通是一種藝術，家長只有從孩子的角度來思考，才能真正走進孩子的心靈。

▌正確對待親子代溝

什麼是代溝？

代溝是指兩代人因價值觀念、思維方式、行為方式、道德標準等方面的不同而帶來的思想觀念、行為習慣的差異。當前，一邊是家長們長嘆，現在的孩子太難管，不聽話；一邊是孩子們短嘆，家長怎麼不了解我們，他們不也是從我們這個年紀長大的嗎？簡而言之，這種相互的不了解就叫代溝。

從某種意義上說，代溝是時代進步的象徵，但也是交流與溝通的難點，且容易形成偏見和分歧。代溝兩側的人輕則互不了解，重則抱有敵意，所以要透過種種途徑及努力來跨越代溝、填平代溝。代溝是一種心理存在，良好的溝通方式可以讓代溝之間曾經斷裂的心理連繫接續起來，從而達到交流的順暢和相處的和諧。

代溝是怎樣產生的呢？

形成代溝的原因有很多，歸納起來，主要分為生理、心理、社會發展、角色差異等原因。

生理上，青少年正處在發育階段，體力和智力發育迅速，好運動、敢創新，但卻耐力不足；成年人的身心已發展到最高峰，對人生、社會已有全面成熟的認知，態度和觀念也已基本定型，缺少變化。

心理上，處於青春期的青少年，自我意識日益增強，有獨立思考的要求，他們易衝動、易受他人影響，渴望獨立、渴望得到成人和社會的承認。恰恰相反，成年人心理上已經完全成熟，個性也趨向穩定，對子女寄託的希望不斷升高，他們習慣用自己的生活方式和思維方式去要求子女。現在，一些子女的青春期與母親的更年期重合，處於更年期的母親們很容易情緒波動、精神緊張，再加上繁雜的工作和家庭重負，使她們成為心理負擔頗重的「易燃易爆」體。

從社會發展角度分析，兩代人成長的社會環境不同，適應環境變化的能力也不同。家長的世界觀和人生觀可能和孩子的想法相去甚遠。另外，兩代人適應環境變化的能力不同，社會觀念、社會環境、工作性質、生活方式、人際關係等方面的變化，對上一代人衝擊較大，他們無法很快適應這個時代的發展，而正處在這個時代的青少年，能很快融入這個時代，能夠迅速接受新鮮事物，兩代人之間因此會出現摩擦。

另外，兩者之間所扮演的角色不同。身為家長，要承擔一定的社會責任，需要履行撫養、教育孩子的義務。他們對子女有很高的期望值，希望孩子聽話、有出息。而孩子則處於被教育、被保護的地位，他們的要求很容易被忽視，尤其是家長的溺愛常常被他們看成枷鎖。

有一個上國一的女孩，正步入夢幻的季節，然而，在她與爸爸之間卻隔著一道無形的牆。還是聽一聽她的心聲吧：

爸爸，女兒好想和您聊一聊，您能靜靜地坐下來聽女兒解釋一番嗎？爸爸，有好多次，我說的話被您誤解，您責備我，我沒有頂嘴，唯有默默地承受，因為我知道，與大人頂嘴是不對的，晚上我只好一個人躲在被窩裡偷偷地哭泣，在日記中發洩自己的情緒。

記得有一次，我在家裡練習唱歌，準備去參加比賽。您回來了，我想表演一次，希望您給予評價，可誰知，還沒張口，您就大聲地對我責罵起來：「妳這孩子真沒用，整天就知道唱、唱、唱，光唱歌就能讓妳考上明星高中、能養活妳一輩子嗎？以後不准唱歌，天天在家讀書，只有成績好了，才能出人頭地，這次比賽別去了！」我正想申辯，您幾乎大發雷霆：「別找理由辯解了，別說了！」這時，我大吃了一驚，沒想到我心中可親可敬的爸爸竟會是這樣。

晚上，我怎麼也睡不著。我想，爸爸誤解我的意思了，我是認為上課應

該上得輕鬆、活潑，在每天完成了作業後，應該抽出時間來練歌或是做別的事情。您卻一定要那樣解讀。爸爸，我們兩代人之間，常常產生誤會，但只要您能耐心聽聽我的話，把意思聽清楚，是能夠了解我的。夜深了，天上的明月被一片烏雲遮住了，但很快又放出皎潔的光。喔，月光啊，願你能洗刷掉我爸爸頭腦裡對我的偏見。

爸爸，我說的話您願意聽嗎？

誠然，許多家長都是站在自己的角度看問題，從不考慮孩子的感受。這是因為他們不放心把子女放飛出去，總希望自己能控制孩子，常聽到一些家長教訓孩子時說：「翅膀還沒硬，就想飛了！」而孩子的想法卻是，鳥兒翅膀硬了，渴望飛翔，家長的愛似乎成了束縛之繩。

當親子間產生代溝後，家長就該主動將它填平，否則必會影響雙方的感情。當家長的應該放下架子，以平等的姿態與孩子相處。如果家長把自己置於絕對權威的地位，孩子就會永遠處於被管束的地位。在這種情況下，家長往往會不自覺地借著自己的權威，將自己的一套觀念或要求強加於子女身上。而孩子是敏感的，他們很容易會感到壓力的存在，並產生抗拒心理，這只會使代溝越來越深。所以，不要讓孩子覺得你高高在上，而要把你當成最關心他們的長輩、最親密的朋友，這樣，雙方的代溝自然就沒有了。

其實，親子代溝現象普遍存在於社會中。家長只有充分了解代溝問題對親子關係、子女身心發展及其社會化的重大影響，欣然接納其產生的必然性，客觀了解其正負兩方面的作用，並且謹慎避免其負面作用，注重發揮其正面效果，才能化解親子間的代溝，建立和諧的親子關係，促進家長與子女雙方的健康發展。

▍信任是溝通的基石

　　1944 年，第二次世界大戰的戰火熊熊燃燒，無數人因戰爭失去了生命。寒冷的冬天，聖誕節來了，可戰場上的官兵們卻無法為他們的節日狂歡。

　　那天晚上，3 個美國士兵迷路了，其中還有一個傷患。在風雪中，他們來到德國西南邊境亞爾丁森林中時，看到了一棟小木屋。他們上前敲響了門。

　　木屋的主人，是一位善良的德國婦女。她輕輕地拉開門栓，猶豫片刻後，讓他們進了屋裡。家裡的溫暖一下子包圍了 3 個又冷又餓的士兵。

　　女主人正在準備聖誕晚餐，她從容地繼續準備著，並多加了 3 份。她沒有慌亂，也沒有警惕與敵意。她的直覺告訴她：在戰場上，他們是敵人，但在生活中，他們是普通人。

　　3 個美國士兵一聲不響地坐在爐邊烤火，在這異國他鄉，在戰鬥的間隙度過聖誕節，對他們來說，是人生的第一次。他們有些傷感。

　　就在這時，門又一次被敲響了。禮物來了！女主人面帶喜悅地打開門。然而，來的不是聖誕禮物，而是 4 個德國士兵！女主人很平靜地告訴 4 位同胞，屋裡有幾位特殊的客人。

　　在女主人的要求下，德國士兵槍口向下，依次進入了小屋，然後將槍放在屋角。

　　人類戰爭史上，因此發生了最奇特的幾幕場景：

　　第一幕：一名德國士兵徐徐蹲下身去，為一名年輕的美國士兵檢查腿上的傷口。

　　第二幕：在聖誕燭光的搖曳中，德國士兵和美國士兵共進晚餐，分別用德語和英語唱著聖誕歌！

第二章　溝通是打開孩子心門的鑰匙

第三幕：晚餐後，他們平靜地入睡了，沒有人擔心自己會在睡夢中成為對方的俘虜。

第四幕：第二天早上，他們平靜地醒來，美國士兵和德國士兵共用一張軍事地圖，商量著各自回營的最佳路線，然後親熱地擁抱、揮手告別，沿著相反的方向，消失在白雪茫茫的大森林中。

看，這就是信任——女主人的信任！敵對雙方的信任！人類的一切活動，都是建立在信任的基礎之上的。有人說，信任是人與人之間的一種道德關係。朋友之間、同事之間貴在信任。在家庭裡，家長與孩子之間，也同樣需要信任。信任是親子溝通的基石。

心理學家認為，追求信任，是一種積極的心態，是每個正常人的普遍心理，也是一個人奮發進取、積極向上、實現自我價值的內驅力。信任的心理機制對孩子良好心理狀態的形成具有積極的作用。

家庭教育是在家長和孩子的共同生活中，透過雙方的語言交流和情感交流來進行的。家長與孩子的相互信任是成功家教的重要因素。一些教育專家在家庭調查中發現，孩子對家長有特殊的信任，他們往往把家長看成是自己學習上的啟蒙師，德行上的榜樣，生活上的參謀，感情上的摯友。他們也非常希望能得到家長的信任，像朋友一樣和家長平等交流。他們認為，只有家長的信任，才是真實、可靠的。家長的信任意味著壓力、重視和鼓勵，這是真正觸動他們心靈的動力。從教育效果看，信任是一種富有鼓舞作用的教育方式。

在家庭教育中，家長的信任可使孩子感到他們與家長處於平等的地位，從而對家長更加尊重、敬愛，更加親近、服從，他們的心裡話也樂於向家長傾吐。這既增進了家長對孩子內心世界的了解，又使家長教育孩子更能有的放矢，獲得更好的效果。

信任是溝通的基石

其實，對一個孩子的信任，就像相信一顆種子一樣，只要給它水分，一定會開出花朵，結出果子。要知道，相信是一種生命狀態，是大自然。我們只要相信孩子是一顆種子，相信孩子一定會按照一定的自然規律去發展，就不會把自己的焦慮傳導給孩子，就會讓孩子去發展自己。如果我們不相信孩子會長成一個成人，我們就會用我們能想到的所有的方法去扭曲孩子，最終破壞他們的自然發展機制，使他們的身心受到傷害，為他們帶來一生的痛苦。

若家長對孩子抱持著不信任或不夠信任的態度，就無法了解孩子的願望和需求，孩子的自尊心和自信心必然會因此而受到傷害，他們對家長的信賴也勢必減弱。這樣，家庭教育的效果也會相應減弱。

在教育史上，有一個著名的實驗，後來被稱為「皮格馬利翁效應」。其原理就是信任，這種效應被廣泛運用於現代教育中，教育工作者從對孩子的信任出發，培養孩子們的積極性，讓孩子在別人的信任中不斷地進步。

家長信任孩子，做孩子的朋友，能夠激發孩子內心的動力，讓孩子體會到被尊重和認可的快樂。他們會在家長充滿信任和友誼的目光與言語中，自己從摔倒的地方爬起來，一步一個腳印地走向成功，實現他們心中的理想。

當然了，家長不能只是在嘴上對孩子表現出信任，還要表現在行動上，尤其是那些學業成績不理想的孩子的家長更要特別注意這個問題。因為任何孩子都希望自己是最棒的，有些孩子成績上不去，屢遭挫折，心裡很壓抑，心情十分煩躁，他們多麼希望家長說幾句鼓勵的話，以減輕心裡的負擔。如果家長不了解孩子此時的心情，偏要在孩子身邊一遍遍嘮叨此事，即使家長的用意是好的，但招來的也是孩子對家長的反感，而且會因此傷害孩子的自尊心，導致孩子自卑、怯懦、缺乏進取的勇氣，甚至厭學。相反，如果家長對孩子有足夠的信任，即便孩子遇到了困難，他們也能夠充滿自信，

積極發揮主觀能動性，有效地進行自我調整，把困難轉化為促進自己努力進取的動力。這不僅有利於激發孩子的讀書興趣，保持良好的讀書態度和心理環境，提高孩子的讀書效率和學業成績，同時也鍛鍊了孩子的自主性、創造性以及對自己和他人負責的能力。

身為家長，如果還沒有和孩子建立起平等、互相尊重的朋友關係，雙方不妨現在就坐到一起，開誠布公、推心置腹地進行溝通和交流，把彼此的想法告訴對方，這樣才會更好地消除隔閡，化解代溝。這樣家長慢慢就能體會到，和孩子做朋友是一件非常有趣、快樂的事情。

允許孩子自由申辯

有一天，表妹來家裡作客，小主人夏柱把表妹帶到他的臥室玩。剛開始，媽媽還聽到兩個小朋友在房間裡玩得滿開心的，但過了不久，媽媽就聽見房間裡傳來了表妹的哭聲，媽媽聞聲跑進去，發現夏柱居然拿玩具熊打表妹的頭，媽媽趕緊把兩個孩子扯開，並且責備夏柱說：「你再打表妹，媽媽就不要你了！」夏柱剛想解釋說：「是因為……」媽媽就打斷他：「你打人還狡辯？」夏柱委屈地「哇」地哭了起來。

生活中，類似的案例數不勝數，在家長們看來，犯了錯誤還要進行解釋的孩子是在做無謂的狡辯。他們認為，孩子和大人「頂嘴」為自己申辯就是一種沒有禮貌的行為，所以，他們聽都不聽孩子的申辯，就給予了否定的態度。事實上，從某種意義上說，孩子懂得「頂嘴」是孩子有自己主見的表現，有些時候，孩子並不是想「狡辯」或者「頂嘴」，他們只是想為自己的行為申辯而已。

然而，家長們卻剝奪了孩子辯解說明的權利，這樣的強制性行為可能會為孩子的成長帶來一系列危害：

允許孩子自由申辯

首先，使孩子產生叛逆心理。生活中，有些孩子犯了錯誤，試圖找出理由為自己辯護，其目的無非是為求得父母對自己的諒解，這種心理很正常，也是孩子鼓足了勇氣才這樣做的。如果父母武斷地加以「狙擊」，孩子會認為父母不相信自己。對父母的這種「蠻橫」做法，孩子雖不敢說，但心裡不服，以後孩子即便有更充足的理由，也不會再申辯了。孩子一旦形成了這樣一種慣性思維，他就根本無法接受父母的批評，只會把訓斥當做耳邊風。

其次，讓孩子形成認知障礙。一些犯了錯誤的孩子，因為沒有真正意識到錯誤而與父母爭辯，而這時父母簡單粗暴地不給孩子爭辯的機會，不讓其透過「辯」來分清是非，以致根本性的問題沒有得到真正解決，由此，孩子的認知就會逐漸產生偏差。

最後，可能扼殺了孩子的新思想。一個想「頂嘴辯解」的孩子，往往能將是非善惡權衡在自己的評判標準上，顯示了不唯命是從、實事求是的思想特質。許多孩子正是在有所聽和有所不聽的過程中，逐步學會了認識問題、處理問題的能力。而父母「不准頂嘴」的高壓使孩子產生了唯唯諾諾的心理，這讓他們以後如何能有創造性地解決問題、處理問題？

為此，我們說，強行遏制孩子去申辯、解釋的行為是不明智的。家長一定要抱著民主、理性的態度對待那些喜歡「頂嘴」的孩子。

這是一位家長的日記：

孩子的爺爺過生日，我們一家三口都回去了。

老人高興，和孩子又說又笑，又唱又鬧。我們大人在廚房裡忙著做飯，做好一個就放在客廳的桌子上。

做得不少了，我出來數數有多少菜。就在這時，我發現兒子端坐在餐桌旁，明目張膽地吃了起來。我的火一下子冒了起來：「怎麼回事？大人都沒坐下，你先吃，多沒有禮貌？過來！」

第二章　溝通是打開孩子心門的鑰匙

　　兒子低著頭，非常緊張地走了過來。老人趕緊囑咐道：「不要打罵孩子。」另一半知道我的脾氣，上前說了一句：「注意分寸，別影響氣氛。」我馬上收斂了許多，帶著孩子到了另一個房間。

　　要是以往，我一定會劈頭蓋臉地訓斥兒子一番。也許受場合的影響，我突然拉住兒子的小手，耐心地詢問他：「說說，為什麼要搶著先吃飯？」

　　兒子天真地說：「我餓了。」「餓了也不能先吃，這樣很沒禮貌，我不是跟你說過好幾遍了嗎？」「我一看見螃蟹就想吃，所以控制不住。」「你搶什麼，哪一次吃好東西你沒吃到？」可是兒子依然辯解：「爺爺同意我先吃了。」我頓時無話可說，兒子的理由很充分：在爺爺家，我怎麼就不能隨便點？

　　但是，我必須回擊他：「你說說，今天有幾個人吃飯？爺爺那是心疼你，可你太不自覺，沒控制住自己。你讓舅舅、舅媽怎麼看待你？他們會說這個小孩太霸道了，好吃的都讓他搶去了。」

　　兒子不出聲，我知道他聽進去了。「所以說，你今天做得太過分了，好好想想，下面應該怎麼做？」說完，我就走出了房間。

　　過了一下子，我看見兒子走了出來，像什麼事都沒發生一樣。他還為大家分筷子、端杯子，吃飯的時候，不但祝福爺爺生日快樂，還主動為大人服務，很有禮貌。

　　我很欣慰，兒子前後不同的表現，給了我很大的啟發。根源在哪兒？主要是家長的態度，唯一的不同在於，我沒有一味地責備，而是讓孩子說，說出他的動機和理由，給孩子一個機會讓他申辯，然後有的放矢，再講明道理。

　　是的，如果這位家長酣暢淋漓地大罵一通，孩子極有可能會哭起來，然後便使性子不吃飯，情緒低落，其後果可想而知。可見，家長一定要懂得給孩子申辯的機會。

➤ **耐心傾聽孩子的申辯是有必要的**：孩子需要申辯，說明他有表達「委屈」的願望。這個時候，家長不要急於憑主觀臆斷或一面之詞而妄下結論。應該耐心、真誠地去傾聽孩子辯解的理由，並且具體加以分析。只有這樣，孩子才能感覺到大人對自己的「尊重」。這樣，他們說起話來，思維才能更流暢，也更勇於表達自己的立場。

➤ **為孩子營造辯論的氛圍**：在孩子為自己的行為「申辯」時，家長不妨因勢利導，充分讓孩子申辯，培養他們敢想、敢說的良好習慣，這樣做的目的，能使孩子既明白了事理，又鍛鍊了口才。

➤ **引導孩子學會自我分析**：讓孩子「申辯」並不是讓孩子狡辯，而是鼓勵孩子認知到自己的錯誤，正視存在的問題，鼓足信心去克服它。這樣，孩子才能夠更加明辨是非。

▌用心傾聽孩子說話

外國有句諺語：「用十秒鐘的時間講，用十分鐘的時間聽。」善於傾聽，是做人成功的一個要訣。據美國俄亥俄州立大學一些學者的研究，成年人在一天當中，有 7% 的時間用於交流想法，而在這 7% 的時間裡，有 30% 的時間用於講，高達 45% 的時間用於聽。這說明，聽在人們的交際中居於非常重要的地位。

其實，傾聽包含著很多意義：傾聽證明你在乎、尊重別人，傾聽證明你不是孤獨的，傾聽是一種心靈的溝通，只有認真地傾聽，才能更好地傾訴，傾聽和傾訴是相輔相成、互相依賴的。傾聽是傾訴的目標和方向，沒有傾聽的傾訴就是無源之水。

然而，不會傾聽卻是當前很多家長的通病。具體表現在：家長不用耳朵只用嘴，把孩子的頭腦當做無底洞，每天喋喋不休，塞進去無數的訓誡，不

第二章　溝通是打開孩子心門的鑰匙

管他們是否能消化、吸收；家長在對待孩子時，要求孩子只用耳朵不用嘴，只准他們用耳朵聽，不理會或不准他們表達自己的意見；有些家長會說：「我不是不聽他們的話，但越聽越生氣。」

事實上，傾聽不僅僅是一種簡單的行為，它也需要一定的技巧。尤其是家長傾聽孩子說話，更要注意掌握好聽的方法。家長要有耐心傾聽孩子的心聲，無論是快樂的、痛苦的、喜悅的、悲傷的，這對孩子的情緒和語言都是有好處的。

第一，家長應該做好傾聽前的準備。當孩子要對家長訴說什麼時，家長都要停下來，全神貫注地聽孩子說話，同時應該給予孩子無條件的積極關心和充足的溝通時間。事實上，許多家長在聽孩子說話時往往心不在焉，不是看電視，就是做家事，總以為孩子的事情沒有什麼大不了的，自己的事情才是重要的。孩子為自己的小小挫折傷心難過，家長一笑置之；孩子與小朋友發生衝突，想尋求家長的幫助，家長則認為小孩子吵架沒有什麼好在意的……家長們總以成人的思維去看待發生在孩子身邊的那些「微不足道」的事情，事實上，對於孩子來說，正是這些被成人看來「微不足道」的小事占據著他們成長過程中的整個心靈。由於家長總認為小孩子身邊發生的事情都無關緊要，因此他們總是無法靜下心來傾聽孩子的心聲。對家長來說，有時候，你並不需要講很多的道理，只要耐心地去聽，就能向孩子傳遞出理解、接受、贊同的態度，很多時候，孩子並不需要什麼大道理，只要你會聽就可以了。

第二，家長聽孩子說話不要只聽一半，應該等孩子把話說完再發表意見。別輕易打斷孩子說話，更不要總是指出孩子某些錯誤。因為這樣會使孩子的思路被打斷，有時孩子會因為緊張而忘記自己要說的話。於是他傾訴的欲望就會被削弱，受到干擾。當傾訴者無法暢所欲言時，傾聽也就無法順利

地進行。家長耐心傾聽的時候，要一邊溫和地點頭，一邊用鼓勵的眼光示意孩子繼續說下去，有時候可以說：「嗯，對！」有時可以說：「喔，是嗎？再多講講好嗎？」啟發孩子一步步把他想說的話全部說完。

第三，家長應該對孩子關心的話題表達出興趣。身為家長，除了關心孩子的吃、住外，更要關心孩子感興趣的事情。對孩子關心的話題感興趣，孩子就會興致勃勃地傳遞給你興趣和愉悅。家長不僅要對孩子的話題感興趣，還可以用參與的方式傳達給孩子資訊，這樣更有利於引導孩子訴說一些事情的經過和想法，讓孩子自己去分析和判斷，而家長依然扮演的是傾聽者的角色。比如，你可以坐在孩子的對面，用慈愛的目光注視著孩子，若有所思地回答：「那倒是」、「我想那時你一定很傷心（高興）吧？」你也可以抓著孩子的手，溫和地注視著孩子，說：「我了解你的感受」、「嗯，我了解你的心情。」這些附和性的語言往往會增加孩子訴說的興趣。

其實，很多家長都知道，不管孩子的話題多麼簡單，只要你感興趣，那麼孩子訴說的熱情自然就會大增，如果你板著臉，一副漫不經心的樣子，孩子很可能就沒有了訴說的熱情。家長可以用言語傳達自己的興趣，也可以透過手勢和身體的各種姿勢來傳遞資訊，比如，你可以放下手中的事情，瞪大眼睛，張大嘴巴，做個誇張的表情，說：「真的嗎？」當孩子講的事情出乎你的意料之外時，你可以用「大驚小怪」的神情來表達自己的興趣，這會激發孩子的表達欲。有經驗的家長會發現，不管孩子要和你訴說的是一件多麼簡單的事情，只要你表現出認真傾聽的樣子，表現出你的興趣，比如，用眼睛注視孩子，身體略微傾向孩子，並伴隨著面部表情等，孩子就會感受到家長的關心，最終實現資訊的互動傳遞。這樣，孩子就會興致勃勃地講下去，進而表達出自己的情感和想法，實現與家長的思想交流和情感溝通。

第四，在傾聽的時候，家長應善於發現孩子的亮點。只有傾聽孩子的心

裡話，知道孩子想什麼、關心什麼和需要什麼，才能有針對性地給予孩子關心和幫助，也會使以後的溝通變得更加容易。如孩子向你訴說高興的事，你應該表示共鳴；孩子告訴你他在學校得到了老師的表揚，你應該用欣賞的口吻說：「喔，真棒，下次你一定會做得更好！」家長在傾聽的過程中，不但要認真傾聽，而且要善於思考，注重在談話中發現孩子的亮點。比如，發現孩子能夠獨立地講述簡短的故事時，要及時給予讚賞：「你講得真好！」這樣，不僅會使孩子更願意向你傾訴，也可以提高孩子的語言表達能力。

　　這些都是幫助家長用心傾聽孩子講話的良策，試試看，很快就會有意想不到的效果，也許你與孩子之間的關係會因此而更加親密。

與孩子平等交流

　　心理學研究顯示：家長與孩子平等交流，不僅是互愛的展現，而且能夠幫助孩子樹立信心、明辨是非、提升想像力和創造力的豐富性，而「獨裁」對孩子人格的影響則是災難性的。在我們的周圍，許多家長覺得辛辛苦苦賺錢養孩子，孩子就應該聽家長的話，必須服從家長。其實，這種觀念是錯誤的，家長應把孩子看成是與自己平等的人。

　　這裡有兩個小故事——

　　故事一：多多的媽媽脾氣不好，每次媽媽帶多多出去買衣服，多多剛提出自己的意見，媽媽就叫多多閉嘴，說小孩子懂什麼。後來多多變得不愛說話，經常拒絕穿媽媽買給她的衣服，在學校裡也不愛回答老師的問題，更不喜歡和小朋友一起玩。

　　故事二：叮噹是個很調皮的孩子，總有問不完的稀奇古怪的問題，爸爸媽媽總是很耐心地回答他。每次買衣服，媽媽總是喜歡和他商量，問他喜歡什麼樣的顏色，喜歡什麼款式。在這種民主環境下成長的叮噹很有主見，喜

歡思考，總能提出與眾不同、具有創新的問題。

看，在打罵聲、命令說教中長大的孩子都很自閉，什麼事情都不願意和爸爸媽媽說；在討論交流、民主環境中長大的孩子，面對什麼問題都能不慌不忙、沉著應對，而且能夠說出有理有據的答案，讓人信服。

日本著名作家黑柳徹子的《窗邊的小豆豆》一書流行於很多國家，作者被認為「再也沒有比她更了解孩子的了」。許多孩子看了這本書後，很羨慕豆豆能有那麼好的機會去巴學園，能碰到像小林校長那麼好的老師。在我們眼中，小豆豆純粹是一個問題兒童。在巴學園中，每一個孩子都是我們眼中的問題兒童。那麼孩子為什麼還會羨慕她呢？我們一起來看看小林校長是怎樣教育豆豆的：豆豆因為淘氣被原學校勸退，來到一所新學校 —— 巴學園。小豆豆到巴學園做的第一件事情，不是被媽媽當著校長的面「揭瘡疤」，也不是校長、老師的思想教育，更不是「要是再那樣的話，妳就沒學校讀了」之類的恐嚇、危言聳聽的言論。而是校長把媽媽打發走之後，把椅子拉到小豆豆面前，面對小豆豆坐下來，說：「好了，妳跟老師說說話吧！說什麼都行，把想說的話，全部說給老師聽。」然後，小豆豆就把陳穀子爛芝麻的事情都搬了出來，甚至把「擤鼻涕、鑽籬笆」的事都說了出來，當小豆豆因絞盡腦汁仍找不到有什麼可說的而傷心時，校長摸著她的頭說：「好了，從現在起，妳是這個學校的學生了。」校長的一上午的時間就這樣「浪費」了，但在這麼長的時間裡，校長先生不但「一次呵欠沒打，也沒有露出一次不耐煩的樣子，而且像小豆豆那樣，把身體向前探出來，專注地聽著小豆豆的話」。小豆豆感覺到「只有校長一個大人這麼認真地聽小豆豆說話」，「和這所學校的校長在一起的時候，她感覺非常安心、非常溫暖，心情好極了」，「能和這個人永遠在一起就好了」。

現在，又有哪個家長能夠如此認真、專注地聽一個小孩子說上十分鐘的

話呢？又有哪個家長能如此與孩子處在一個平等的位置上交談呢？家長都在說「現在的孩子很難教育」、「現在的孩子不和家長交流」等。其實，不是孩子不想和家長交流、溝通；而是因為沒有人願意去聽他們內心的話，他們往往是在接受家長高高在上的教育。

其實，家長完全可以透過以下途徑，拉近與孩子的心理距離。

➤ **處理同一事情或情況的方法盡量保持始終如一**：家長對待孩子態度的一致性，是孩子對家長信任的基礎。孩子們都有這樣的天性：當他們能夠預料到家長的意圖以及家長會做出什麼樣的反應時，就會覺得比較安全。只有他們覺得與家長在一起比較安全時，才會信任家長，也才會把家長當成自己的知心朋友。

➤ **用真誠的態度與孩子交流**：家長在與孩子交流的過程中，應該意識到自己在思考什麼、感受什麼、要做什麼以及如何做才能讓孩子真正接受自己。在這一過程中，家長必須是真誠的、懇切的，不能有絲毫的虛假，這就要求家長必須在孩子面前敞開心扉，告訴孩子自己的真實想法和感受。比如，當我們的工作沒有做好時，當我們受到上司和同事的誤解時，可以告訴孩子我們很傷心；當孩子的某些行為讓我們生氣時，可以明白無誤地向他表達自己的真實感受。

➤ **勇於向孩子承認錯誤**：家長在教育孩子的過程中，難免會出現一些錯誤。當錯誤發生時，如果我們能夠用疏導、講理的方式去解決，真誠地向孩子承認自己的錯誤，請求他們的諒解，孩子們往往會欣然接受我們的歉意，也會恢復對我們的信任。要切忌犯錯後有意掩蓋或隱藏，讓孩子形成「家長不會有錯誤」或者「家長犯錯後從來不承認」的不良印象。其實，只要做到這一點，我們就會驚喜地發現，在我們承認自己的錯誤時，不僅沒有受到孩子的輕視，還得到了孩子的信任和友情，並在

無形中激發了他們尋求答案的強烈願望。

➤ **家長要學會當一個好聽眾**：很多孩子認為自己已經長大了，有一定的主見，不願意被動地聽別人訓導。所以家長應讓孩子知道你對他的意見、建議很感興趣，從而成為孩子傾訴的對象。要家長重視孩子說的話，尤其是一些孩子不願公開的事，家長應看成是孩子給你的祕密禮物。這樣，他們必定會感到，父母是自己信得過又尊重、了解自己的人，於是，孩子就會敞開心扉，無所不談。

▌向孩子敞開你的心扉

性格內向的孩子一般都很自閉，他們不輕易向人敞開自己的心扉，哪怕是最親近的人。但是，如果家長能主動向孩子敞開自己的心扉，孩子就會受到感染，繼而表現出「不同尋常」的一面。

家庭教育專家指出，家長只有向孩子敞開自己的心扉，才能得到孩子的認同，從而促進親子關係的發展。但亞洲的家長一般很少向孩子透露自己的內心世界，卻希望孩子向自己袒露一切。這種不平等的關係往往成為親子溝通的一道屏障。

事實上，家長向孩子敞開心扉，表現出了對孩子的尊重和信賴。世上沒有完美無缺的人。在孩子面前，以一種輕鬆的方式接受自己的不完美、承認自己的錯誤，不僅能讓孩子覺得你更親近，從而加深親子之間的感情，而且能把一種坦然、放鬆的處世態度傳達給孩子。

當孩子問家長：「你為什麼不高興啊？是不是工作上有了麻煩」的時候，家長就應該認真地考慮一下，是否應該與孩子談一談、談多少、怎麼談。如果搪塞地說：「沒什麼，很好」或「不關你的事，去玩你的吧！」那等於是推開了孩子對家長的關心。

第二章　溝通是打開孩子心門的鑰匙

　　那麼，孩子從家長那裡所得到的資訊就是 —— 家長怎樣都不關我的事。那就等於家長自己向孩子關閉了溝通的管道。

　　有句名言說得好：「一份快樂與人分享，就會變成兩份快樂；一份痛苦兩人分擔，痛苦就只有原來的一半。」家長要學會與孩子一起分享喜怒哀樂，在分享的過程中，家長與孩子的關係才會越來越親密，心與心才會貼得更緊。

　　每個人都有與別人分享情感的需求，家長要特別關心孩子的心理需求，無論多忙，都應抽空與孩子交流，向孩子敞開心扉，與孩子一起笑、一起悲，成為孩子的知己，這是家長教育孩子的最高境界。其實，家庭教育的過程就是家長與孩子互相融合的過程，向孩子敞開心扉，意味著家長更多的是展示，而不是灌輸；是引領，而不是強制；是平等的給予，而不是居高臨下的施捨。

　　有位家長是長途貨車司機，經常出差在外，他對所有人都十分豪爽，唯獨對自己的孩子深感內疚，他感嘆，儘管給予了孩子豐足的物質生活與優越的家庭環境，卻很少與孩子交流、向孩子敞開自己的心扉。比起這位家長，很多家長要「幸運」得多，他們有足夠的時間在家裡陪伴孩子，可是，他們卻不懂得體驗孩子的心理感受，他們對孩子總是非打即罵，更不會向孩子敞開心扉。如果因為忙而忽略了與孩子分享情感的需求，也就等於剝奪了孩子健康成長的養分，阻礙了孩子全面發展的過程，還會讓孩子形成性格和心理上的缺陷，這樣的家長不管有什麼樣的理由，都是不稱職的。

　　那麼，身為家長，該如何向孩子敞開自己的心扉呢？

　　第一，讓孩子了解你的工作狀況。家長應該明確地告訴孩子：你現在做什麼工作，你的工作細節有什麼，它對整個社會、國家甚至人類有什麼意義等等。現在許多家長的確都很忙，但花點時間陪陪孩子，和孩子說說自己的

工作細節，談談工作的酸甜苦辣，聊聊成功的幸福體驗，對孩子是十分重要的。很多家長埋怨現在的孩子不知道節約、自私、花錢大手大腳等等，但是如果孩子不知道家長是如何靠辛勤工作賺錢養家的話，那麼他們就不會把金錢與工作緊密地連繫起來。孩子們到了上國小的年齡，家長就應該把自己如何靠努力工作來謀生、如何創造屬於自己事業的故事講給孩子聽了。

第二，告訴孩子你的隱私或祕密。很多家長都認為孩子太小，很多事情不能告訴他們，尤其是自己的隱私或祕密，萬一被孩子知道了，會是一件很丟臉的事情。其實不然，如果孩子知道他是跟你共享隱私或祕密的人，他就會更加信任你，你也就能更加容易走進孩子的心靈深處。

第三，讓孩子明白你對他的期望。家長對孩子的期望不能過高，過高了會對孩子造成壓力和傷害。應該從孩子的實際情況出發，對孩子有合理的期待。但是，這種合理的期待，最好也能夠讓孩子明白，明白家長對他的具體期待是什麼，讓孩子明白家長對他的期待並不過分。家長如果能夠做到這些，那麼孩子一定也會從家長的期待中汲取前進的力量，一定會努力成為一個不讓家長失望的好孩子。

總之，家長與孩子溝通時，只有敞開自己的心扉，才能引起孩子感情上的共鳴，從而與孩子建立起一種相互信任的關係，使親子關係更為融洽。

當然了，在具體的操作過程中，家長還應當掌握以下兩點：

➤ **創造合適的機會**：「孩子，讓我們來談談！」如果你的談話是這樣開始的，結果往往是說話的只有你一個人。然而，在你和孩子一起遊歷、開車回家的路上或週末一起洗衣服時，往往是孩子滔滔不絕、喋喋不休的時候。要想多了解孩子的生活，就要多創造這些對孩子沒有壓力，又能和你一起活動的機會。

➤ **控制自己的反應**：向孩子敞開心扉的過程中，可能會有很多令你不高興或失望的事情，你必須很好地控制你的情緒。比如，儘管你告訴孩子當年你如何地發憤讀書，但孩子卻並不對你的努力表示讚賞，你可能很失望，但無論如何，你也不能讓這種情緒表現出來。孩子都不喜歡讓家長失望，如果你過分表現出失望，就會對孩子的心靈造成不良的影響。

▌請尊重孩子的祕密

每個人都有自己的祕密，對於成人而言，守護祕密更多意味著責任和負擔；但對於孩子來說，擁有祕密並保守祕密是走向成熟和獨立的象徵。現實生活中，性格內向的孩子往往很沉默，擁有的祕密似乎也較一般的孩子更多。

「我已經整整兩天沒有跟媽媽說過話了。因為她偷看了我的日記，我很生氣。」週末，一位性格內向的 15 歲國中生和老師聊天，非常生氣地訴說自己的痛苦。老師相勸：「媽媽也是為了妳好，並沒有惡意。」她委屈地說道，我知道媽媽是為了我好，可是日記裡面有我的祕密，我想我也要像班上同學一樣去買個帶鎖的日記本。這個女生說，她們班上很多同學的家長也會偷看自家孩子的日記，有些家長偷看後甚至還理直氣壯，覺得打開自己孩子的日記或者信件是天經地義的。

其實，家長偷看孩子的日記和信件，偷聽孩子的電話無非是關心孩子、怕孩子走上歪路，希望孩子的一切行為都在自己的掌控之中。可他們所謂的用心良苦，卻無意中對孩子造成了心靈的傷害。一項調查研究顯示，近 30% 的國中小生的日記和信件，都被家長偷看過。很多家長包括老師並不希望孩子有祕密，而希望孩子的一切行為都在自己的掌控之中。他們忽視了祕密就是孩子成長的養分。

祕密意味著孩子自我意識的成長。身為家長，如果發現孩子有了自己的祕密，應該感到高興，這意味著孩子誕生了內心世界，他想擁有自己獨立的空間了。珍視一顆童心的成長，最好的方法莫過於讓他擁有一份獨自承擔的內心祕密。

隨著自我意識的覺醒，雖然孩子越來越不滿於凡事受家長控制、擺布的局面，但是成人世界的強大力量又令他們心生忌憚，於是祕密成為孩子作為弱者的一種自我保護形式。這種獨享自己內心世界的體驗，可以讓孩子感受到個體的存在感和價值感。可以說，祕密是孩子內心的一種珍貴體驗。

同時，祕密可以幫助孩子走向獨立和成熟。孩子總有一天要走向獨立，而擁有個人祕密並能恰當處置是走向獨立的要素。對個人來說，祕密往往與責任緊密相連，並且要獨立承擔責任。從這個意義上講，擁有祕密是孩子邁向獨立和成熟的必經之路，而沒有祕密的「水晶人」是永遠長不大的，有遠見的家長應當允許孩子有自己的祕密。

這是一個叫童玲的幼稚園老師寫的部落格文章：

我們班上有一個祕密角，說起祕密角的設置，還有一個小故事呢！

一次午睡起來，發現薛志瑋又尿褲子了。在大家還不知道的時候，我悄悄地把他領到另外一間房間，幫他換好，我發現他這次沒有再害羞。我想透過老師的細心和理解，讓孩子不再羞怯，保護他稚嫩的自尊心，讓這件事情悄悄地來、悄悄地走。

下午來接孩子的時候，薛志瑋的媽媽一眼就發現他換褲子了，「怎麼又尿褲子了，老是給老師添麻煩，丟不丟臉？」雖然媽媽是用開玩笑的方式，但是我看到薛志瑋臉上的羞怯，他還用力扯著媽媽的衣角。看到這一幕，我的心咯噔了一下。媽媽這樣說，既傷孩子的面子，又讓孩子對尿褲子這件事有了一個負面強化。沒等薛志瑋媽媽再說話，我連忙緩頰：「這是我們之間

第二章　溝通是打開孩子心門的鑰匙

的小祕密。」為了能讓薛志瑋的家長配合我做好這項工作，我單獨和她約時間進行了溝通，希望她對孩子尿褲子這件事裝作不在意，這樣才有利於孩子的成長。接下來的幾天，薛志瑋繼續尿，我都裝作很不在意的樣子，幫他換好褲子。

薛志瑋的媽媽又沉不住氣了：「我想帶他去醫院看看。」我趕緊阻止她：「孩子原本一直很好，只是這幾天尿褲子，就我個人經驗來說，他不是生理問題，我們應該用足夠的耐心幫助他。」可是家長沒有同意我的意見，帶孩子看了醫生，結果顯示孩子的生理一切正常。但是，去醫院檢查又對孩子造成了新的心理壓力，薛志瑋尿了褲子再也不跟大人說了。

怎樣讓孩子主動向老師、家長敞開心扉，克服內心的障礙呢？經過反覆的思索，我在班上設置了「祕密角」。在玩祕密角活動時，請孩子們都把自己不願意公開的事情悄悄告訴老師和好朋友，聽到後一定要保守祕密。很多小朋友都來跟我講悄悄話，我都幫助大家嚴守祕密。過了三、四天的時間，我正在祕密角和一個小朋友說悄悄話，薛志瑋慢吞吞地走到我的跟前。看到他欲言又止的樣子，我主動把頭伸過去，耳朵貼到他的嘴邊，只聽他輕輕地說了聲：「老師，我尿褲子了。」我把食指放在嘴上「噓……」，輕輕地拉起他的手，「來，跟我來。」我們兩個跑到另一個房間，「沒關係的，寶貝，我也告訴你一個祕密，你千萬別告訴別人。」薛志瑋用力點點頭，「老師小時候，也經常尿褲子。」這句話逗得薛志瑋咯咯地笑起來。為了不讓別人發現薛志瑋換了褲子，我仍然把他最外面的褲子套在新換的褲子外面。接下來，我又悄悄地打電話給薛志瑋的媽媽，讓她回家假裝沒發現。結果出乎我的意料，他一回家就跟媽媽說：「我尿褲子了。」不再羞於啟齒。他同時告訴媽媽：「老師告訴我一個祕密。」「是什麼祕密呢？」他沒有說。

結果，沒過幾天，薛志瑋就沒再尿褲子了，就在這靜悄悄之間，孩子的

心理問題得到了解決。孩子的心靈就像是「玫瑰花瓣上的露珠」，輕微震動就會跌落，需要我們精心呵護。身為老師和家長，對待孩子的心理問題要慎重再慎重，要學會傾聽孩子的小祕密、保守這些祕密，成為孩子可以信賴的忠實朋友。

祕密是一場「說」與「不說」的遊戲，當孩子發現自己有了祕密，意味著他誕生了內心世界；當孩子考慮要不要把祕密說出來的時候，說明他已經具有追求獨立的願望；當孩子要求別人為自己保守祕密的時候，代表他已具備初步的責任感。身為家長，應是要很願意「站在孩子那一邊」，為孩子保守祕密與隱私。

透過寫信與孩子溝通

在爸爸、媽媽眼裡，姜德清是個十分內向的孩子，他從不愛與人交流，有時，爸爸、媽媽故意製造一些話題，但姜德清就是提不起「興趣」。為此，爸爸、媽媽很著急，不知道該如何開導他才好。有一天，他們向心理專家請教解決問題的方法，心理專家建議他們寫信給孩子……寫信的方式果然收到了意想不到的效果，孩子竟回信給爸爸、媽媽了，在信裡，他毫無顧慮地敞開了自己的心扉。由此，爸爸、媽媽看到了一個真實的孩子。

書信是人們交流情感的重要方式，但大多數人往往把它用在具有一定空間距離的社交中。尤其是現在，通訊工具越來越發達，人們寫信的機會也越來越少了，打電話、傳 LINE 幾乎代替了書信。當家長和孩子同處一室的時候，就更覺得用不著寫信了。

有教育專家指出，在教育孩子方面，寫信交流常常是一個非常好的辦法。當家長覺得和孩子進行口頭交流效果不太好的時候，當家長希望自己的話語能充分引起孩子注意的時候，就可以用這種方法，哪怕家長和孩子就

近在咫尺。這是因為，家長在寫信的時候大多平心靜氣、思路清晰、條理完整，是一種「潤物細無聲」的教育方式。家長把想說的話寫成文字，孩子會更加注意，這樣更容易觸動孩子的思想。

國外一位師範大學教育系教授說，與其他傳統的教育方式相比，書信教育方式具有其不可替代的作用。比如，它比口頭教育更理性，表達更準確，能夠自然地過濾掉口頭語言中的一些不好的詞語；它的文字具有凝固性，能夠給寫作者和閱讀者更多的思考和回味的空間，歷久彌新；它的持之以恆的寫作要求，也會督促家長身體力行，為孩子做出一個好的榜樣。

古代就有用家書的方式對子女進行教育的傳統，也有一些優秀的家書流傳於世，成為經典，比如《顏氏家訓》、《朱子家訓》、《曾國藩家書》和《傅雷家書》等。以寫信的方式教育孩子，就是對這種優秀傳統的傳承和發揚，如果家長能夠用心去寫，一定能對孩子發揮不錯的教育效果。

潘小佳的媽媽原來總說和孩子溝通不容易，雖然能從老師那裡掌握孩子的學習狀況，但無法了解孩子的心理和思想變化。但是最近，她找到了一個好方法。原來，潘小佳的媽媽是公司的主管，經常因為公事出差，在遠離孩子的時候，她就用寫信或寄 E-mail 的方式與孩子溝通。她認為，寫信比打電話更能增進與孩子的感情。潘小佳的媽媽說：「電話雖然方便，但是對於孩子來說，電話裡說的事情容易忘記。因此，對於情感溝通及需要心理輔導的問題，我都會透過寫信或寄 E-mail 的方式與孩子溝通。而且孩子對這種方式也很感興趣。我買了一些漂亮的信紙給孩子，也買了一些給自己，我們就用這些信紙傳遞訊息，感覺很貼心。」

是啊！潘小佳的媽媽不愧是個聰明的媽媽。寫信給孩子，透過文字來表達自己的心情，不失為一種與孩子溝通交流的好方法。美國教育家老卡爾‧威特也說過：「有時候，對於某些我覺得不便用口頭表露的情感，我會把要

表達的意思以書面的形式，寫在紙條上，這使它們加重了自身的分量，並顯得更加真實可信。」

那麼，在什麼樣的情況下，家長適合透過書信的形式與孩子溝通呢？

➤ **建議一**：寫信給情緒低落的孩子。當年齡大一點的孩子情緒低落的時候，他往往不願意讓家長知道，希望自己能夠在家長面前維持自尊。此時，家長勸慰孩子，也不會再像以前那樣哄了，因此，有些家長就不知道怎樣與孩子溝通才好。這時候，家長不妨寫一封信給孩子。收到信後，孩子往往能夠心平氣和地讀，字裡行間透露出來家長的關愛往往能夠讓他盡快振作起來。同時，孩子與家長之間的感情也會自然加深。

➤ **建議二**：寫信給失戀的孩子。孩子在戀愛過程中，體驗到的是愛情的美好，一旦失戀，孩子就會無法承受巨大的心理打擊。這時候，家長千萬不要呵斥孩子，責罵孩子不應該戀愛，這些對於孩子來說都沒有意義。而口頭的說教往往容易引起孩子的警惕性，他們生怕家長以過來人的身分教育自己。這時候，如果家長能夠用寫信的方式來安慰孩子，效果就會好得多。其實，孩子在失戀的時候，非常希望得到親人的認同，同時，他也希望家長不要聲張這件事情，自己默默地調整。因此，寫信給失戀的孩子，往往能夠達到良好的效果。

➤ **建議三**：寫信給「問題孩子」。當孩子出現各種問題時，如果家長有意識地與孩子進行交談，孩子往往懷有戒備心理，有意識地迴避家長，不願意與家長進行溝通。這時候，家長可以採用書信的方式，讓孩子在無聲的言語中接受教育。

當然了，家長在運用書信與孩子進行溝通的過程中，還應注意一些事項。一位兒童教育專家給出了如下建議：

- **寫信給孩子要有真情**：寫信給孩子之所以是一種良好的交流方式，就是因為這種方式很感人，多是寫信人真情的流露。如果家長不能用真情與孩子交流，寫信也只會流於形式。如果可以，把內心話寫下來，放在孩子的床頭，但是別急著問他看了沒有或者看了之後是怎麼想的。因為孩子一定會看的，但是他看了之後可能什麼也不說。家長又有內心話了，可以接著寫第二封、第三封信。

- **寫信可以是多種形式的**：比如，有些家庭用「家庭日記」的方式，有些家庭則經常使用紙條。不管怎樣，只要家長採用文字的形式與孩子進行真情交流，就有可能收到事半功倍的效果。

- **要掌握好時機**：當有些事情家長無法說出口的時候，或者與孩子衝突升級的時候，家長寫信跟孩子交流，可能比當面開口效果更好。因為家長寫信時心情會平靜下來，說出的話會中肯一點，而孩子看到家長的信，自然會有反思，可能會更容易理解家長的苦心。

讓擁抱帶給孩子溫暖

可以說，在成人的身上，有著很多時尚的元素，他們喜歡潮流、喜歡浪漫，而相愛的雙方結合在一起後，擁抱更成為他們習以為常的表達愛的方式之一。然而，在對待下一代的教育問題上，你是否意識到，擁抱是對孩子最好的肯定呢？

是的，擁抱是一個大家都熟悉的身體動作，是一種表達感情的方式。發自內心的擁抱能迅速傳遞內心的感受，傳遞心中的愛，把言語無法表達的情感傳遞給對方。擁抱可以讓人更年輕、更有活力，並能讓家人之間更親密。家長常常擁抱自己的孩子，能提高他們的心理素養，讓他們變得更堅強。

一天，父親去學校接生病的兒子去醫院看病，兒子見到父親，趕緊從後

門來到他跟前，他習慣性地用嘴巴靠了靠兒子的額頭，感覺一下有沒有發燙。過了一陣子，老師從教室走到門外，告訴這位父親：「同學都羨慕您兒子呢，說他爸爸在擁抱他，他真幸福。」這時，父親看到兒子得意的樣子，就別提心裡有多高興了。

看吧！這就是擁抱的力量。家長應多多擁抱孩子，用身體去接觸孩子，讓孩子感受到家長的力量、家長的愛，家長的愛和擁抱將會帶給孩子無比的信心。

美國著名心理學家赫洛德‧傅斯博士說：「擁抱可以消除沮喪 —— 能使體內免疫系統的效能上升；擁抱能為倦怠的軀體注入新能量，使你變得更年輕、更有活力。在家庭中，擁抱能加強成員之間的關係，並且大大減少摩擦。」心理學研究顯示，人類都有皮膚飢餓感，當一個孩子被擁抱時，他的幸福感和安全感也是比較強烈的，這是促進孩子情感發展的重要基礎。擁抱，是一種親密接觸，是心靈真情的表露，是愛心火花的迸發，孩子需要用擁抱來宣洩、表達、慶祝和撫慰生活中的喜怒哀樂。一個長期不被別人擁抱的人，他的心靈和情感是孤獨的，容易形成敏感退縮、脆弱的人格特徵。所以，家長平時應多擁抱孩子，以解其「皮膚飢餓」。

擁抱對孩子的好處還展現在：

➤ **對孩子的大腦發育具有重要作用**：家長摟抱、觸摸孩子，與孩子身體親密接觸，對其大腦發育有著重要意義。每當你抱起孩子，輕柔地觸摸他的身體，親親他胖嘟嘟的小臉蛋，摸一摸他的小腦袋，捏一捏他可愛的小腳丫，這些都是在「撫觸」他的心靈。你的每一次撫觸，都讓孩子的大腦接受了一次良性的刺激，而這些刺激能促進孩子智慧的發展。

➤ **讓孩子感覺到安全**：溫柔的擁抱和撫摸能讓煩躁中的孩子安靜下來，減緩壓力。孩子只有在平靜時才有探究環境的興趣，才能把周圍一切事物

當做探索的對象，在探究中學習。

> **促進孩子健康成長**：心理學家指出，擁抱有利於緩解孩子的沮喪情緒，提升免疫系統的效率。許多兒科醫生發現，擁抱和撫摸還有助於促進孩子的身體發育和疾病治療。

> **促進親子依戀關係的建立**：爸爸抱著孩子，用鬍子輕輕扎扎他的小臉，把他舉得高高的，或者讓他在脖子上「騎馬馬」，會讓孩子感覺到爸爸的堅強有力。而媽媽抱著孩子，講故事給他聽，等他打瞌睡的時候，為他唱搖籃曲等，會讓他感覺到媽媽的溫柔。父母在擁抱孩子的過程中也感受到孩子的乖巧與可愛，而在這種親子互動中，更易形成良好的親子關係。

總之，擁抱孩子是一種良好的親子溝通方式。研究顯示，童年期缺乏擁抱，孩子愛哭、易生病、情緒易煩躁，就算漸漸長大獨立後，他們仍然會感到諸多的不適。其實，家長擁抱孩子是在告訴他們，不管什麼時候，不管孩子犯了多大的錯誤，家長對孩子的愛都不會變。因此，建議家長每天給孩子三個擁抱。

> **第一個擁抱**：早上。在不少家庭中，孩子的一天始於家長的嘮叨指責之中：「你怎麼搞的？這麼慢吞吞的！」「你怎麼只吃這麼一點？」「你到底是少了哪根筋？丟三落四的……」這些情緒化十足的負面言語，只會讓孩子不舒服，從而影響他一天的情緒。其實，即使孩子做錯了事，或是任性、發脾氣，也不妨先給他一個擁抱，讓孩子在你的擁抱中穩定下來，然後再說一些你想說的話，「剛才你的書還在沙發上，放進去了嗎？」「我們一起抓緊時間，這樣就不會遲到了……」這時哪怕你再嘮叨，孩子也願意接受。美好而快樂的一天便由此開始。

➤ **第二個擁抱**：傍晚。傍晚孩子回家了，見到孩子，很多家長會邊做家事邊機械地問：「今天在幼稚園（學校）過得好不好？」孩子的回答也一樣的乾脆：「好！」他實際上是拒絕了你的詢問，因為他覺得你並不重視他。所以，無論你手頭有多忙，都請放下手中的一大疊報紙或溼答答的青菜或正在移動的滑鼠，給孩子一個熱烈的擁抱，這會讓孩子有「回家」的感覺，他會覺得你的注意力全部放在他的身上，從而願意和你分享他的快樂與煩惱。

➤ **第三個擁抱**：睡前。不少家長忙於事業、家事，恨不得早點把孩子哄上床。其實，孩子會從你敷衍的態度中看出你的不耐煩，然後又用同樣的不耐煩來應付你。事實上，家長哪怕「日理萬機」，只要在孩子臨睡之前在他床邊坐上一下子，講兩個故事或幾句親熱的話給他聽，最後再給孩子一個輕輕的擁抱，孩子就很容易帶著你的關愛進入甜美的夢鄉。

總之，擁抱這個再平常不過的動作，對孩子有著魔法般的讚賞效果。家長們，讓孩子在擁抱中成長、在愛中成長吧！這樣，孩子也就會懂得如何去擁抱別人、關愛別人。

建立民主的家庭關係

張傳斌對自己的同事叨唸著這幾天心煩極了，說是在與兒子生氣。

原來，這幾天國外來了幾個頗有名望的國畫家，張傳斌費盡周折憑藉關係想讓一直學國畫的兒子和國畫家見個面，也好得到當面指導。可是，兒子無論如何也不買他的帳，竟然當著他的面把自己過去的作品撕了個粉碎，還叫嚷著說爸爸耽誤了他的大好時光……

張傳斌說著說著，氣得嘴唇都顫抖起來了。

等張傳斌平靜下來，同事問他：「為什麼你兒子會這樣做呢？我覺得應該不是單方面的原因。」

張傳斌撓了撓頭，若有所思地說：「想想也不能全怪他，兒子小時候想學跆拳道，我沒有同意。學跆拳道有什麼用呢？難道以後去打架？學畫畫怎麼說也是一門技能。但這個孩子就是不懂事，學畫的時候老是跟我計較。」

其實，先不去說孩子有沒有家長眼中的「專長」所需要的素養，就從不顧孩子的意願來安排他們未來這一點上說，對孩子就有失公平。身為家長，我們應該尊重孩子的意願，從孩子的興趣出發，讓他們自由選擇學習方向，並勇於對自己的選擇負責。否則，非但無法為孩子創造健康的成長空間，反倒會讓孩子遭到親情的「摧殘」。

可以說，現在很多家庭都很難尋覓到民主的氣氛，而缺乏民主的家庭在某種程度上會壓抑孩子個性的成長。民主化家庭教育是建立在平等的基礎上的，理解為第一要義。民主化家庭往往表現為父母尊重孩子，以塑造孩子自信心為出發點，培養孩子擁有健全的人格。

很多父母總把孩子看成自己的財產，有一種占有的心態，孩子必須聽父母的話才算是好孩子。很少有父母去考慮孩子自身的需求，家庭成員之間，孩子永遠是被管制的對象，對家庭大事，孩子沒有參與的權利，對自己的事，孩子也沒有決定權，只能聽從，沒有平等民主可言。

在一些孩子的眼中，父母很霸道，看看他們是怎麼描述父母的：經常怒髮衝冠，聽不進孩子的意見，不了解孩子的喜好，老是說別人家的孩子好，看不到自己孩子的優點，不尊重孩子的選擇……還有孩子這樣形容父母：父母就像一個怎麼也甩不掉的拐棍，父母像警察，而且是刑警隊的 —— 專門在你做了「壞事」後出現，父母是法官，孩子總是被告……

顯然，被占有式的愛包圍著，孩子永遠找不到自我，在家庭中永遠找不

到公平和民主。

　　一位美國學者為了探知兒童的內心世界，了解他們對自己的父母和家庭究竟有哪些最迫切的要求，走訪了二十多個國家，對一萬多名膚色不同、經濟條件各異的學齡兒童進行了一次大規模調查。調查結果令人驚訝：孩子們對父母和家庭的要求放在首位的並非是經濟、物質條件。他們對吃的、穿的、用的和玩的東西似乎都不大在意，相反，卻很關心自己的家庭精神生活。孩子最關心的是家庭氣氛和父母對他們採取的態度。他們心目中的好家庭，應該有友愛、輕鬆、寬容、民主和活潑的氣氛。在這種良好的家庭中生活，最利於孩子們身心健康成長。孩子最不喜歡的是氣氛冷淡、緊張、沉悶、專橫、毫無生氣的家庭。

　　國外某市對 236 名有犯罪問題的青少年進行了一次犯罪原因調查，結果令人吃驚：在 236 名少年中，家庭破裂或已達到破裂邊緣的、父母之間經常爭吵的占 43.6%；對子女任意體罰、不講理的家庭占 28.4%；家庭生活渙散、盲目追求物質享受而忽視精神追求的占 37.7%。如此資料，足以說明家庭氣氛尤其是民主的家庭氣氛對孩子的心理健康發展和品格的形成具有何等重要的作用。

　　我們在追求社會民主的同時，不能忽視家庭民主的重要性，更不能忽視家庭民主在家庭教育中的作用。一個家庭的民主氣氛表現為尊重孩子的個性發展，尊重孩子的發言權、參與權，不把孩子當做私有財產，而是把孩子當做一個有獨立人格的個體來尊重。對孩子要事事用商量的口氣，並且給他們自己做主的權利，父母的任務只是給予指導，而不是替孩子做決定。

　　在民主平等的家庭氛圍中，父母和孩子之間才能相互信任、相互理解、相互尊重。

　　那麼，父母應如何營造民主的家庭氛圍呢？

第二章 溝通是打開孩子心門的鑰匙

➤ **明確告訴孩子擁有的權利和義務**：孩子作為一個獨立的個體，作為家庭一員，應該擁有自己的權利，同時，也必須承擔一定的義務。因此，父母就應明確地告訴他，他擁有哪些權利和哪些必須承擔的義務。

➤ **為孩子設置一個獨立而自由的空間**：父母要為孩子安排一個相對獨立而且可以自由活動的空間，那裡不放父母的任何雜物，只放孩子喜愛的東西。孩子想改善空間布局，父母只需做孩子的助手，要讓孩子自己做主。因為孩子自己動手做的東西，更能給他個人空間的感覺，這樣會使孩子感到自己和大人一樣，產生平等感。

➤ **不要在孩子面前互相攻擊**：當然，並不需要完全禁止父母在孩子面前吵架，有時候父母的爭吵也會讓孩子體會到感情的複雜性，學習面對父母真實的情感，有利於孩子情感的細膩與全面發展。但父母爭吵中要避免互相攻擊，那些充滿攻擊性的言辭不但無益於夫妻間矛盾的解決，還會為孩子帶來恐懼、不安、懷疑。

➤ **傾聽孩子談話**：父母不能控制孩子的發言權，要給他表達想法的空間，做孩子忠實的聽眾、知心的朋友。這樣會讓孩子對父母更親近。

➤ **共同商量、討論問題**：一家人應經常聚在一起互相交流，且氣氛輕鬆，對於各自的見聞、家庭中的一些問題，不分長幼，都可以盡情發表自己的意見、見解。同時，人人享有平等的權利，彼此之間的意見可以直言不諱地提出，開展批評、自我批評，父母可以批評孩子，孩子也可以批評父母。

第三章
不可忽視孩子的社交課程

　　人類是群居動物，無論性格內向的孩子如何自閉，最終都無法避免走出家門，與社會上的其他人打交道。因此，家長一定要注意引導孩子學會與人交際，培養孩子與人交際的能力，為他們將來的個人發展做好充分的準備。同時，當孩子學會了與人交際的技巧，他緊閉的心門就會敞開，內向的性格必定會有所改善。

禮貌文雅讓人廣結良緣

　　「培養孩子的禮貌還真不容易。」小森的媽媽經常感嘆地對同事說。孩子很小時，她就格外注意孩子的禮貌問題，如帶孩子出門時，遇到熟人都會教孩子主動與人打招呼，見到老人要叫「爺爺」、「奶奶」，見到年輕人叫「叔叔」、「阿姨」或「哥哥」、「姐姐」；當家裡有客人來時，讓孩子保持安靜；在外面玩耍時，遇到老人要禮讓等等。現在孩子 4 歲了，基本上會主動與人打招呼，但也會經常忘記。而且有時會看心情，孩子心情好的時候，看見誰都打招呼，心情不好時，看見了也裝作沒有看見。而當有客人來家裡時，媽媽總會提前和小森說，讓他安靜點別吵，小森都會很聽話地答應，但客人來後，他卻會故意在玩玩具時發出很大的聲響，或者是過來拉媽媽或客人的手，要求大家陪他玩。

　　「對於孩子這些基本的禮貌教育問題，我真的是很重視的，但孩子卻好像記不住一樣，總是忘記。」小森媽媽為此很是苦惱。

　　小森媽媽為什麼會有「培養孩子禮貌不容易」的感慨呢？當然，很多人會認為這與社會的不良影響有關。的確，在我們的周圍，經常會看到很多人的種種不文明的陋習，他們講髒話、罵人、不遵守公共秩序等。但同時，家長也不能忽視家庭在培養孩子禮貌方面發揮決定性的作用。而很大一部分家長認為，教育孩子僅僅是學校的事，在這種錯誤指導思想的支配下，他們只關心孩子的考試分數，其他的一概放任自流。

　　「禮貌是一種人際交流途徑，能懂得社會規則的人是最聰明的，是最有能力的人，也是最讓人敬重的人，懂得禮貌和尊重別人是邁向成功人生重要的一步。如果你能及時糾正孩子待人接物中不好的習慣。那麼，你所做的一切將使孩子終身受益。」兒童心理專家、家庭教育專家魯傑是這樣認為的。

是呀！亞洲父母教育孩子從小懂禮貌，這是做家長的職責。

讓孩子注重禮貌應做到以下幾點：

➤ 早晚要向父母、長輩問好。出去玩和回家都要告訴家長。

➤ 對父母、長輩說話要恭敬，不惹家長、長輩生氣。

➤ 有好吃的食物，先請父母和長輩吃。吃飯時不搶食、不挑食，咀嚼時不要出聲。

➤ 大人問話時，要認真聽，並有禮貌地回答。

➤ 家中來客時，要熱情接待，有禮貌地稱呼。父母和客人談話時，不打擾，不插嘴。

➤ 不隨便向客人要東西，別人給的東西必須得到父母同意才能收下，並要致謝。

➤ 求人家幫助時，要用商量的口吻說「請」，事後，要向人家道謝。

➤ 在別人家做客，不亂翻人家的桌子抽屜、書籍、玩具。

家長除了懂得讓孩子如何禮貌待人的方式外，還要懂得透過何種方法讓孩子貫徹實施。

➤ **家長要以身作則**：孩子有沒有禮貌不是天生的，是後天培養出來的，而且孩子天生就喜歡模仿別人，所以，家長在家裡的時候，要注意自己的言行舉止，注重禮貌，為孩子樹立一個好的榜樣。比如，有客人來做客的時候給予熱情地招待；接受了別人的幫助以後，對別人說謝謝；在收到禮物的時候可以邀請孩子和你一起寫感謝卡等。有了家長的示範，再遇到類似的情形時，孩子自然而然就會學家長的做法。

➤ **為孩子設置場景**：有些家長為了不讓孩子打擾來訪的客人，通常都會把孩子打發到一邊，讓他們自己去玩。這樣做也許能夠獲得一時的安靜，

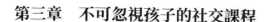

但是卻可能會影響孩子的社交能力。孩子會想：爸爸為什麼不讓我和客人在一起？是不是我做錯了什麼？久而久之，家裡一來客人，他就會自動躲到旁邊去。所以，當有客人來訪時，家長應該向孩子介紹一下來的是什麼客人，再向客人介紹一下你家的孩子，並讓孩子幫客人拿拖鞋、拿杯子，總之，千萬不能把孩子排斥在外。

➤ **適當給孩子暗示**：在教育孩子使用禮貌語言時，剛開始孩子往往是不自覺的。有時在長輩面前，常因害羞而不肯去做。碰到這種情況，有些家長往往逼著孩子對長輩有禮貌，或當著客人的面責罵孩子。其實，這樣做是有害無益的。因為孩子也是有自尊心的，家長強制或責罵他後，即使孩子不得已去做了，心裡也是不高興的，以後就更不喜歡禮遇長輩了。所以有經驗的家長，遇到這種情況，通常是採取暗示法，在孩子耳朵旁邊，輕輕地叫他致禮，使其很高興地禮遇長輩，並因此而得到稱讚。

➤ **對孩子講清楚禮貌的意義**：家長在教孩子禮貌時，不但要告訴他說話應當怎樣，姿勢應當怎樣，還要向他講些深入淺出的道理，即為什麼要這樣做，這樣做有什麼好處等。

➤ **對孩子的禮貌行為及時給予評價**：如可以用點頭、微笑、語言等來表示讚揚和肯定。對孩子不禮貌的言行更要及時提醒，並指出不禮貌的後果，使孩子對不禮貌的言行產生厭棄的情緒。

➤ **成人要形成教育的合力，貫徹始終**：培養孩子懂禮貌，關鍵在於家庭成員始終如一的態度，而且必須做到統一要求，統一步調，千萬不能各敲各的鑼，各打各的鼓，有些管，有些護，有時嚴，有時鬆，造成教育作用的相互抵消。成人對孩子的禮貌教育必須做到有始有終，切不可虎頭蛇尾。要持之以恆，嚴格要求，只有這樣才能取得良好的效果。

培養孩子合作的能力

合作是人類社會賴以生存和發展的重要組成部分，在當前的形勢下，只有懂得與人合作的人，才能獲得生存的空間，也只有善於合作的人，才能贏得發展。21 世紀的孩子面臨的是一個充滿挑戰的社會，與此同時，我們的教育也面臨著重大的挑戰。聯合國教科文組織國際 21 世紀教育委員會提出現代教育的四大支柱理論是：學會認知、學會做事、學會共同生活、學會生存四種能力。其中，學會共同生活即指在教育中要培養孩子與人合作、共享成果的能力。

然而，很多性格內向的孩子最明顯的缺陷就是不懂得與人合作，他們做事總喜歡獨來獨往，以自我為中心，唯我獨尊。再加上很多家庭裡，孩子是獨生子女，被一家兩代甚至是三代人嬌生慣養著。如此一來，家長就會為內向孩子的缺陷找藉口，「就讓他自然成長吧！不用管，以後會慢慢改變過來的。」殊不知，孩子的合作意識、能力是需要培養的。

讓我們先來看一個寓言故事：

春天來了，森林裡到處花香鳥語，一片生機勃勃的景象。

清早，小熊出去散步時，在一棵大樹下發現一大片草莓田，「太好了！」小熊興奮得直翻跟斗，趕緊找來了牠的好朋友麻雀和小猴，「如果我們好好照顧它們，過不了多久，我們就有新鮮的草莓吃了。」小熊對牠的好朋友說。小麻雀和小猴都高興地直點頭，牠們都在想像草莓成熟時那果實纍纍的景象。

小熊安排道：「我力氣大，我去打水；小麻雀你幫草莓抓蟲；小猴子你總是跳來跳去停不下來，就幫草莓拔草吧。」小麻雀和小猴子都同意了小熊的提議。牠們唱著歌，分頭去做自己的工作了。

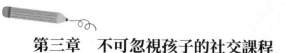

不久，草莓就像星星一樣冒出來了，小小的，綠綠的，隨著風輕輕擺動。可是小熊卻不幹了：「我每天去打水，太累了，哪裡像小猴，多麼輕鬆，不用天天跑來跑去。」

麻雀也開始抱怨：「我每天都要待在這裡細心地找啊找啊，哪裡都不能去。可是小熊還可以每天出去看風景。」

小猴聽見了，也不甘示弱：「我每天彎腰拔草，腰痛得都不能在樹上盪鞦韆了，還是麻雀清閒，可以隨時嘗嘗草莓熟了沒有。」三個好朋友都覺得別人做的工作比較輕鬆，於是就約定，從此以後麻雀負責打水，小猴負責抓蟲，而小熊也如願以償地去拔草。

第二天，麻雀高興地去打水，可是才到半路，牠就累得連翅膀都搧不動了。於是，牠偷偷地把水倒掉一半。小熊悠閒地去拔草，可是牠的手太大了，經常不小心把草莓也一起拔掉了。小猴子在草莓叢中跳來跳去找蟲子，一下子眼睛就痠了。這時，小猴子聽到小鳥在樹上唱著歌，他就盪到樹上和小鳥玩捉迷藏了。

草莓成熟的日子到了，三個好朋友來採草莓，可是草莓呢？草莓田裡只有一片枯草，星星一樣的草莓都不見了，三個好夥伴後悔不已。

如果三個夥伴都不去抱怨自己的工作，而是把適合自己的工作做好，牠們就可以吃到甜美的草莓了。怎樣可以讓一滴水不乾涸呢？只有把它放到大海裡。一個人的力量是有限的，不可能做完所有的事情，也不可能做好所有的事情，所以我們需要和別人進行合作。

巴爾札克有一句名言，「單獨一個人可能滅亡，兩個人在一起可能得救。」其中就暗示著合作的重要性。沒有人能夠獨自成功；唱獨角戲、當獨行俠的人是無法成大事的。俗話說得好：「雙拳難敵四手」、「三個臭皮匠，勝過一個諸葛亮」，只有運用合力，善於合作，才有強大的力量。

當然，培養孩子的合作能力，還需要有效地進行訓練。

➤ **進行分享訓練**：分享就是共同享受，自己高興、快樂，也讓同伴高興、快樂。家長要創造物質條件，並加以精神鼓勵，讓孩子表現一定程度的慷慨大方，體會分享的快樂。在此過程中，家長不能過於溺愛孩子，要讓孩子自己體會分享的真諦。

➤ **家長要樹立榜樣**：孩子學習榜樣，大致經歷了從無意識的模仿到有意識的模仿，從遊戲的模仿到生活實踐的模仿，從把模仿當做目的到把模仿當做達到目的的方法等。培養孩子良好的品格，不能只靠說教，更重要的是以身立教。透過言行，把抽象高深的思想、良好的道德標準具體化、人格化，使孩子在不知不覺中模仿，形成好思想、好品德、好的行為習慣。行為的模仿和練習，是形成和鞏固孩子良好行為習慣的一種基本方法，也是教育實踐性原則的具體展現。

➤ **創建和諧、互助合作的環境**：家庭的環境建立，可以透過潛移默化的薰陶來教育孩子，是以隱性教育為主的教育法。它可以利用氛圍塑造孩子的性格，具有極強的滲透性。家人之間的互相關心、合作、幫助及其樂融融的景象對孩子的教育意義重大。

與此同時，家長要注意，以下這些話千萬不能對孩子說：

「這件事情如果是你一個人做的，功勞就是你的，與他人合作，你的功勞就不會那麼大，所以不用那麼認真。」

—— 如果家長從小就培養孩子的「功勞」意識，如何能讓孩子更好地與人為善，更好地與人相處呢？當然，更難說是合作了！華人國家的足球為什麼那麼差？華人的合作意識為什麼那麼不足？實際上與個人英雄主義有很大的關係。

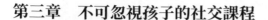

「合作就是要等著大家來了一起做，你一個人做那麼多幹嘛呢？」

——這是許多家長對孩子的教導，理由是心疼自己的孩子，怕他們多做了事。這種心疼對孩子的成長無益，多做了孩子不是多得到鍛鍊嗎？孩子如果有能力可以多做一點，這樣不但不會吃虧，反而能讓孩子更好地學會合作。

總之，孩子合作能力是一種品德培養，對孩子一生的發展至關重要。我們要激發孩子的合作興趣，為孩子創造合作的機會，指導孩子掌握合作的技巧，為孩子擁有良好的個性奠定扎實的基礎。

▌鼓勵孩子大膽與人交際

近年來，很多獨生子女經歷著特殊的「四、二、一」家庭結構，「四」即爺爺、奶奶、外公、外婆，「二」即爸爸、媽媽，「一」即孩子，如此，孩子的家庭生活方式被簡化為：一人玩耍或只能與家長一起玩耍。同時，隨著現代居住環境不斷變化，人們居住的場所逐漸具有高層封閉的特點，鄰里之間咫尺天涯，互不往來，影響著人與人之間的溝通。凡此種種，使得孩子缺乏與人交際的機會，造成孩子社交能力低下。同時，對於那些性格內向的孩子來說，自我封閉的個性又限制了他們社交的範圍，使他們的社交能力越來越差。據相關資料顯示，許多成人無法與他人正常交際的原因，就在於他們在年輕時，沒有學會基本的人際社交技能。

一些性格內向的孩子平時在家裡尚且活潑、調皮，可是一見到陌生人，就變得扭扭捏捏、不大方，甚至害羞地躲到大人身後，完全變了一個樣。在這個越來越開放、越來越需要交流和表達的世界裡，這樣的孩子很容易被忽視和被邊緣化。他們在陌生人面前局促不安、不敢說話，在帶有競爭性的活動中，更是畏縮不前，膽怯害羞。如果家長想改變孩子不善交際的個性，使

其變得自信大方起來的話，越早行動起來越好，因為害羞的殼關閉得越久，就越不容易將它打開。

美國的鄉村裡有一個小女孩，她有一副百靈鳥般動聽的歌喉，非常想成為一個歌唱家，可惜的是，她的性格太過羞怯，每當一個人唱歌的時候，她能夠唱出自己最高的水準，但每當在別人面前表演的時候，她就會緊張得不得了，不是走音，就是忘詞。這讓她感到非常苦惱，甚至打算放棄當歌唱家的夢想。

父親知道以後，鼓勵她：「只要妳用心唱出自己的歌聲，人們會被妳的歌聲打動的。妳應該克服自己的羞怯，把自己最高的水準向別人展示出來。」

聽了父親的勸告，她堅守住這份夢想。從此她有意識地去改變自己的性格。她開始主動與別人來往，在人多的場合，她不再像以前一樣躲在角落裡，生怕別人看到，而是站到人群之中，與大家一起說笑，大家都很驚訝這個小女孩的轉變，但隨後，他們都給予她真誠的讚揚，因為他們都知道她有一副好歌喉，都希望她能夠成功。

就這樣，在大家的鼓勵和幫助下，小女孩的膽子漸漸大了起來，在大家面前表演的時候，她的腦子裡想的不再是：「唱走音了怎麼辦？忘了歌詞怎麼辦？」而是把全部的精力都投入到為她的觀眾歌唱中。漸漸地，人們被她的歌聲所感動，開始喜歡她、熱愛她。這個女孩就是凱絲·達莉，長大以後，她成為美國歷史上最著名的歌唱家之一。

凱絲·達莉用自己的行動告訴我們，擔心和害怕是沒有用的，要想克服羞怯缺點，就應該大膽地站到人群中去，讓別人發現自己。

家長要想讓孩子大膽與人交際，可以從以下幾方面做起：

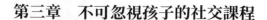

第三章 不可忽視孩子的社交課程

- **培養孩子的語言能力**：提高孩子運用語言的能力，就是幫助他們架起與他人溝通的橋梁。家長要從小培養孩子會說話、愛說話的習慣，為他們與人交際打下必要的基礎。

- **利用各種機會指導孩子與人交際**：比如，去別人家做客，要教育孩子有禮貌；家裡來了客人，要讓孩子主動打招呼，幫助做些接待事宜；成人間談話，如果沒必要讓孩子迴避，可以讓他們參與，並允許他們發表自己的意見，這是他們學習人際交流的絕佳機會。若孩子勇於在別人面前說出自己的看法，家長對此應給予鼓勵，對他們正確的見解及時進行肯定。對孩子的一些不妥做法，如只顧自己說話、隨便打斷別人談話等，要及時提醒，並在事後進行必要的教育和指導。

- **鼓勵孩子多參加團體活動**：參加團體活動是提高社交能力的重要途徑。孩子在團體活動中，不僅可以結識許多年齡相仿的朋友，還可以在了解他人的基礎上了解自己，學會用團體社交的規則調整自己的言行，學會尊重他人、諒解他人、樂於助人，學會調節團體和個人的關係。

- **尊重孩子的社交興趣**：要讓孩子明白與朋友交際是自己的權利，處理和朋友交際中出現的問題也是自己的責任和義務。這是對孩子獨立人格的肯定，也是培養孩子獨立性的重要一步。

- **為孩子提供一個寬鬆、和諧的家庭氛圍**：和諧的家庭氛圍很重要，因為在這種氣氛下才能培養出性格溫和的孩子，孩子才能和平地與別人交流，成為別人心目中的好夥伴。讓孩子在和諧、寬鬆的環境中長大，是培養孩子健全人格、健康品格的重要基礎。

- **正確對待孩子們在交際中出現的衝突**：孩子們在交際的過程中出現一些衝突和爭執是很自然的，家長不應過度干預，要盡量讓孩子自己來解決問題，透過獨立解決衝突和爭執，使他們學會協調、同情、忍讓等處世

技巧，這往往是在與成人的交際中學不到的。同時，家長要注意培養孩子化解矛盾的責任心和能力，使孩子在調解衝突的過程中學會傾聽對方的陳述和觀點，從而掌握解決問題和化解矛盾的能力，並學會判斷，能夠創造性地解決爭端，而不是採取被動或侵犯的方式；讓孩子懂得必須照顧每一方、每個人的需求，使各方都在最小矛盾的情況下和平相處。

幫助孩子克服社交恐懼症

我們都曾有過這樣的經歷：在眾目睽睽之下講話的時候，往往感到有些緊張；在社交場合與陌生人打交道或在不得已的情況下把自己介紹給大家認識時，同樣也會有些遲疑和害怕。對於大多數人來說，這些緊張與害怕只是短暫的，並隨著年齡的增大、智力的發展、知識的累積，懼怕感會慢慢地消失。但在那些內向、怯懦的孩子當中，害怕見陌生人的狀況卻十分明顯，他們有時在與熟人講話時，都會感到緊張與臉紅，更有嚴重者，在與人交際過程中，出現口吃、出汗、惶恐不安、心跳加速、輕微顫抖的現象。我們稱這種現象為社交焦慮障礙或社交恐懼症。這種心理問題在內向的孩子中較為常見，已成為困擾老師與家長的一大問題。

這天，心理諮商中心闖進了一個高中女生，她的名字叫王小磊。可是，她一見到諮商師時，竟不知道該如何開口說話。後來，在諮商師的一再鼓勵下，她才吞吞吐吐說起了自己的情況。

原來，王小磊有個「害羞」的毛病，兩年多來，她很少與人講話，即使與人講話，她也是不敢直視對方，像做了什麼虧心事似的。她還說到，平時一說話臉就發熱，心怦怦跳，肌肉起雞皮疙瘩，好像全身都在發抖。她不願與班上同學接觸，覺得別人都討厭自己，在別人眼中自己是個「怪人」。她最怕接觸男生，即使在教室裡，只要有男生出現，也會不知所措。對老師也

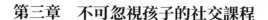

很害怕，上課時，只有老師背對學生寫黑板時才不緊張，而只要老師面對學生，她就不敢朝黑板方向看。她常常因為緊張，對老師所講的內容不知所云。更糟糕的是，如今在親友、鄰居面前說話也「不自然」了。由於這些毛病，她非常少去社交場合，很少與人接觸。

顯然，王小磊患上了嚴重的社交恐懼症。她對於在陌生人或可能被別人仔細觀察的社交或表演場合，有一種顯著且持久的恐懼，害怕自己的行為或緊張的表現會使自己遭受羞辱或難堪。要想幫助孩子克服社交恐懼症，就要深入了解社交恐懼症的表現。

➤ **赤面恐懼**：一般人在眾人面前時，他們會由於害羞或不好意思而臉紅，但赤面恐懼患者卻對此過度焦慮，感到在人前臉紅是十分羞恥的事，最後由於症狀固定下來，導致非常畏懼到眾人面前。患者一直努力掩飾自己的赤面，希望盡量不被人察覺，並因此十分苦惱。有一位學生患者，因赤面恐懼而無法搭乘公車，只好坐計程車或乾脆步行。在必須搭乘公車時，他就事先喝上一杯酒，使別人認為他臉紅是喝酒所致，以此自我安慰；或拚命奔跑急匆匆上車，解開衣服的鈕扣，讓別人相信他臉紅是由於奔跑所致，以掩飾赤面。這些症狀在正常人看來似乎很可笑，但對患者來說，卻像落入地獄般痛苦不堪。他們覺得不治好赤面恐懼症狀，一切為人處世等都無從談起。

➤ **視線恐懼**：這種患者主要是與別人見面時不敢正視對方 —— 自己的視線與對方的視線相遇就感到非常難堪，以致眼睛不知看哪裡才好。患者一味注意視線的事情，並急於強迫自己穩定下來，但往往事與願違，始終無法集中注意力與對方交談，談話前言不搭後語，而且往往會失常。有些學生患者在上課時，總是不由自主地去注意自己旁邊的同學，或總感覺旁邊的同學在注意自己，結果影響上課，並為自己帶來無比的痛苦。

➤ **表情恐懼**：患者總擔心自己的面部表情會引起別人的反感，或被人看不起，對此惶恐不安。表情恐懼多與眼神有關，患者認為自己的眼神令其他人生畏，或認為自己的眼神毫無光彩等。有一位表情恐懼患者，他固執地認為自己的眼睛過大，黑眼球凸出，這樣子會被人瞧不起，又認為自己的表情經常是一副生氣的樣子，一定會給別人帶來不快，他冥思苦想，竟然使用膠布貼住自己的眼角，認為這樣就會使眼睛變小，但眼睛承受了極大的拉力，非常痛苦，也很難持久。最後，患者下定決心動手術。當然，沒有一個眼科醫生會為他做這樣的手術。

➤ **異性恐懼**：主要症狀與前幾種情況大致相同，只是患者在與異性或者自己的主管接觸時，症狀尤其嚴重，會感到極大的壓迫感，不知所措，甚至連話也說不出來。與自己熟識的同性及一般同事來往則不存在多大問題。

➤ **口吃恐懼**：口吃恐懼也可歸類於社交恐懼的一種。患者本人獨自朗讀時，沒有什麼異常，但到別人面前時，談話就難以進行，或開始有發音障礙，或說話結結巴巴。

社交恐懼症是一種因心理緊張造成的疾病，只要積極治療，做好心理輔導，就能克服恐懼。為此，家長應注意以下幾點：

➤ **多給孩子一點關愛**：沒有愛的滋潤，孩子的生命就像無源之水。無論父母多忙，請你都不要忽視孩子，每週至少與他們交談一次，同時可以帶他們多出去玩一玩，送點小禮物給他們，為他們的生活帶來一點驚喜的色彩。另外，對孩子提出的問題或表現出的一些不明顯的心理問題症狀，絕不能不聞不問，這樣才能及時發現、及時治療，並讓孩子感受到親情與溫暖。

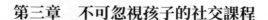

➤ **對孩子多一點耐心**：不少「社交恐懼症」的孩子都極其自卑，這時，父母、老師只有以足夠的耐心、真誠的態度，才能走進他們的生活空間，走進他們的心靈。只有產生了情感共鳴後，才能發揮良好的診療效果。

➤ **請教專家**：當家長與老師實在無法自己解決孩子的問題時，應該及時向專家請教，向諮商心理師尋求幫助，以便讓孩子及早走出心理陰影。

學會在社交中求同存異

每個人都有自己的性格、自己的特殊經歷和獨特的人生體驗，對同一事物、同一事情，不同的人有不同的感受、不同的認知。也正因為如此，家長要教導孩子，與人相處時，一定要學會求同存異，這樣才不至於常常與他人產生矛盾。

朋友相處時間長了，關係越來越密切，容易產生不分彼此的想法，遇到事情，常把自己的看法當成是朋友的看法，或者認為朋友的看法就應該與自己的看法一致，而忽略了自己和朋友是兩個人、兩個個體。宇宙間找不到完全相同的兩片樹葉，世界上也不可能存在完全相同的兩個人。即使是雙胞胎、連體嬰，也都有各自的性格和特點。

尊重朋友，首先就要承認自己和朋友有不同之處，並坦然對待這些不同之處。

沈奕茗和季冰玲同住一間宿舍，兩個人是形影不離的好朋友，沈奕茗性格沉穩，做事細心；季冰玲最大的缺點是健忘，上課忘了帶筆記本，衣服晾出去忘了收進來都是常有的事。有一次縫衣服，她把針丟在床上忘了找，還被刺了一下。沈奕茗非常關心季冰玲，認為她得改掉健忘的毛病，否則以後大學畢業進入社會，在工作上不知道要犯多大的錯誤。

誰都承認，沈奕茗是一片好心，出於對季冰玲的愛護。沈奕茗告訴季冰

玲放東西要各有各的位置，做事要有條理等等。總之，相當於替季冰玲制定了一套行為指南。剛開始，季冰玲積極性滿高的，但時間一長，就都不記得了。沈奕茗不厭其煩地勸她，忘了就提醒，見她錯了就毫不客氣地指出來，讓她下次記住。

這樣過了一個多月，沈奕茗不煩，季冰玲卻煩了。是呀！誰願意被複製成另一個人呢？沈奕茗希望季冰玲變得和自己一樣，做事細心、有條理。但季冰玲就是季冰玲，不是沈奕茗，她的做事方式、脾氣個性不可能和沈奕茗變得相同。季冰玲健忘，並沒妨礙兩人之間的友誼，反倒是沈奕茗的一片好心卻招來了季冰玲的不悅。

與人相處時，對別人的缺點和毛病要學會忍耐與寬容。看到別人缺點的同時，也要發現別人的優點、欣賞別人的優點，在與他人交際時，要堅持求同存異的原則，這樣才能擁有良好的人際關係。如果一個人總是試圖讓朋友變得和自己相同，朋友一定會被嚇跑，最後這個人連一個朋友都不會有。朋友之間一定有某些共同點 —— 共同的興趣、愛好，某些共同的利益、需共同完成某些事、共同的志向等，這些是兩個人之所以會成為朋友的基礎。但同時，兩個人都會有不同的東西，也許正是這些不同，才有可能形成相互的吸引力，讓彼此的友誼長久。

▌讓孩子學會與他人分享

趙振發是個 11 歲的男孩子，他有一次對老師說：「我不快樂！雖然我家有兩個保母，上百本圖書和數不清的玩具。可是，我就是不快樂！」

於是，老師就問他：「你把這些書分給沒有書的小朋友看過嗎？」

「沒有。」

「那你把那些玩具分給別人玩過嗎？」

「也沒有。」

「你的壓歲錢用來幫助過有困難的同學嗎？」

「更沒有了。」

「所以你不快樂！」老師這樣對他說，「如果你能把這些東西拿出來和別的小朋友分享，快樂自然就會來到你的身邊！」

這次談話後，趙振發聽說貧困地區有許多愛讀書的孩子沒錢買課外書時，他真的很吃驚，就和媽媽一起捐出 5 萬塊錢，要求為 5 所鄉下小學建立「手把手」書屋。

幾個月之後，趙振發真的收到了上百封鄉下孩子的來信，趙振發的班導師當時驚訝不已，還以為這個男孩幹了什麼驚天動地的「大事」。

在這些信中，農村孩子對趙振發表達了最樸實的感謝，說他們從來沒有看到過這麼多的書，還說這些書讓他們產生了許許多多美好的夢想，為他們帶來了不曾有過的快樂，更說他們一定會好好讀書……

趙振發被感動了，他忽然覺得，自己是多麼的重要，自己的這些書是多麼的神奇！

慢慢的，趙振發變得快樂了，他還和媽媽商量好，每年都要省下一些錢來捐書，送給山裡的孩子。第二年，他又捐了 1,000 冊書……

分享是快樂的大門，學會分享，懂得分享的孩子就進入了快樂城堡；獨享是痛苦的大門，只去獨享，只會獨享的孩子就走進了痛苦的泥潭。所以，讓孩子學會分享，是讓孩子學會交際，擁有快樂生活的必要方法。

家長應從以下幾方面教孩子學會與他人分享：

➤ **不要溺愛孩子**：很多家長出於對孩子的愛，把好吃的、好玩的全讓給孩子，孩子偶爾想與父母分享，父母卻在感動之餘說：「我們不吃，你自己吃吧！」長此以往，就強化了孩子的獨享意識，他們理所當然地把好

吃的、好玩的全據為已有，最終導致孩子只會獨享，不願與他人分享。

➤ **幫助孩子建立安全感**：在物質比較豐裕的今天，這點不難辦到。當你給了孩子滿足感、安全感後，孩子自私的想法就會淡化。比如，如果孩子只有一顆糖果，他當然不會喜歡把它分給別人，但是如果他有很多的糖果，他就會留出自己的部分，樂意讓別人去分享剩下的部分，當他體驗到分享的快樂時，就會逐步減少他自己的分量，甚至完全與他人共用也是可以做到的。

黃媽媽經常在放學接兒子的時候，帶很多小零食給兒子，要他分給小朋友們。剛開始兒子不肯，媽媽告訴他家裡還有很多很多，他才放心了：看到朋友們拿到東西的喜悅，孩子慢慢開始變得熱心了，不用媽媽說，他就會主動把食物發給每個小朋友。

➤ **不能讓孩子有特權**：家長要教育孩子既看到自己，也要想到別人，好東西應該大家分享，不能只顧自己，不顧別人。自己有需求，別人也一樣有需求。不要讓孩子凡事把自己放到第一位，享有特權的孩子很難與他人共用什麼東西。

➤ **讓孩子明白分享不是失去，而是互利**：孩子之所以不願與人分享，是因為他覺得，分享就是失去。家長要讓孩子明白，分享表現了自己對別人的關心與幫助，自己與別人分享，別人可能也會回報給自己同樣的關心與幫助，這樣彼此關心、愛護、體貼，大家都會覺得溫暖和快樂。分享其實不是失去，而是一種交流，一種互利。

➤ **讓孩子多結識大方的同齡朋友**：大人有大人的世界，孩子有孩子的世界。大人的榜樣是很重要的，同齡人的行為更能刺激孩子。如果孩子身邊的朋友大都是大方、不愛計較的好孩子，那麼他也不會太差，因為環境是孩子成長的很重要的因素。

➤ **給孩子分享的實踐機會**：家長要為孩子創造一些分享的實踐機會，讓他們真正懂得如何與人分享。

在教育孩子與人分享時，家長還要注意一定的原則和技巧，比如，要讓自己的孩子和別的孩子分享他所喜愛的玩具，切忌對他進行強迫，也無須講一些空洞的大道理給他聽。不妨這樣跟他說：「你玩一下子，讓他玩一下子，你們兩個都高興，不是很好嗎？」適當地引導孩子，積極有效地對孩子進行鼓勵、讚美，能讓孩子感到分享對他不是一種剝奪，而是一種樂趣。當孩子較小時，家長不妨就對孩子進行這方面的「分享訓練」。比如，當孩子手中拿著畫冊時，家長可以拿著一個玩具，然後溫柔地、慢慢地遞給他玩具，並從其手中取走畫冊。這樣透過反覆訓練，孩子便學會了互惠與信任。此外，家長還可以從側面出發，想一些比較特別的點子，讓孩子體驗到與人一起分享玩具時，可以玩出一些新的花樣，可以體驗到更多的快樂，這樣做能吸引孩子自動嘗試著與其他小朋友分享。

▌教會孩子多為別人著想

有位母親為自己 8 歲的女孩大傷腦筋，她經常和同事訴苦：女兒性格很內向，還有個很大的毛病，就是不會關心別人。家裡老奶奶生病時，叫她做點事，她很不高興，平時就更不用說了。在學校裡，她也不會關心同學、老師，甚至在公車上讓個座給病人都不願意。我們在家裡上讓老、下讓小，在公司部門裡也熱心助人，可是為什麼我們的孩子卻自私、不關心別人呢？我們應該怎麼教育她才好呢？

可以說，很多性格內向孩子的家長都有著和這位母親同樣的煩惱，他們發現，孩子總是把心門關起來，從不允許別人靠近，也從不懂得為別人著想。其實，在現實生活中，還有很多因素導致孩子「冷漠、無情」—— 現

今的孩子大多數都是獨生子女，在家庭中，他們被祖父母、外祖父母、父母等人圍繞著，好吃的盡量讓孩子吃，孩子要求什麼也盡可能滿足，孩子聽到的都是好聽的。在孩子的內心世界裡，從不知道「不」字的意思，在這樣的「順境」中，久而久之，孩子變得狹隘、自私、冷淡，不會關心自己以外的人和事，見到好吃的，抓到手就吃，不關心別人能不能吃到；看到好玩的玩具，就任著性子要，不管父母能不能承受得起；聽到不順耳的話，就不耐煩，任性發脾氣，不論別人如何看他，一切都以自我為中心，只知有我，不知有他。

然而，孩子終歸要長大成人，要離開父母，走向社會。進入社會的第一個問題就是如何學會與別人相處，得到別人的支持和幫助。只有那些關心別人、在別人遇到困難時主動支援別人的人，在自己遇到困難時，才會得到別人的關心、支持和幫助。如果孩子不會關心、支持和幫助別人，他們又如何能適應社會而被社會所接受呢？孩子長大後狹隘、自私，社會適應能力和社會心理承受能力差，即使智力水準很高，也是很難成為有用之才的。

所以，家長一定要糾正孩子「以自我為中心」的壞毛病，教育他們要從小學會關心他人。

> **言傳身教，以身作則**：在日常生活中，家長要互相關心，對長輩要體貼照料，對待親友要噓寒問暖，誰生病了，要主動問候；誰有困難，就主動幫助。家長對別人主動、熱情的關心，孩子耳濡目染，自然會受到潛移默化的影響。另外，家長要經常講一些關心別人的故事和道理給孩子聽，設計一些關於關心別人的遊戲與孩子一起做，使孩子逐漸理解和懂得關心別人是一種美德，好孩子應該關心別人。

> **要加強指導，積極鼓勵**：孩子的認知能力比較低，知識經驗較少，需要家長在認知上給予幫助，行動上給予指導。在日常生活中，如果孩子告訴家長自己做了什麼關心別人、幫助別人的事情，家長應及時對孩子進

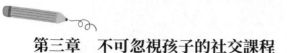

行表揚和鼓勵，以強化孩子的這種良好的思想行為。

➤ **鼓勵孩子多與他人交際，讓孩子學會謙讓**：在日常生活中，家長應有意為孩子創造與同伴互動的機會，鼓勵孩子和其他孩子多交朋友，這是讓孩子學會關心、學會謙讓的有效方式之一。研究顯示，5 歲以下的孩子是非常需要友情、需要夥伴的，這樣有利於培養孩子良好的性格和習慣。但是，很多性格內向的孩子很少與他人交際，他們整日一個人讀書、玩耍，時間久了，孩子的心裡自然很少考慮到他人，孤獨的環境促使孩子形成以「自我為中心」的心理。要想改善這種情況，家長除了要多陪孩子聊天、玩耍外，更重要的是鼓勵孩子與同學、鄰居發展友誼，要鼓勵孩子帶同學、朋友來自己家裡玩，也要鼓勵孩子去別人家玩，讓孩子幫鄰居家拿報紙、送信，到鄰居家借還物品等。當然，家長帶孩子出遊時，也可帶上孩子的同學、朋友。在這些互動過程中，孩子就會體驗到與朋友應怎樣相處，逐步學會為他人著想、關心他人。

➤ **利用移情作用，培養孩子的情趣，增進孩子關心別人的感情**：移情是人將對某一事物或某一人的情感遷移到另一事物或另一人身上的心理現象。孩子總是這樣認為，花鳥魚蟲等動植物也是和人一樣，都有思想和感情。因此，他們常把動植物當做人一樣看待，跟它們交談，撫摩它們。我們可以利用孩子的這種思想行為，鼓勵、指導他們種植花草、飼養小動物，培養他們對花草、動物的珍愛之情。他們對動植物有了這種珍愛之情，往往也會對人產生同情、憐愛、關心。這也是增進孩子關心別人的方法之一。

➤ **為孩子創造做家事的機會**：一開始可以讓孩子做一些簡單的事情，比如，幫家長掃地、拿碗、拿筷子等，他做得好就要表揚他，讓他有成功的滿足感，讓孩子在做家事中懂得，幫助別人是令人開心的事。

總之，孩子關心別人的良好習慣是靠平時一點一點培養起來的，身為家長，要抓住各種適當的時機對孩子進行引導，讓孩子慢慢學會關愛別人，凡事多為別人著想。

做一個會讚美別人的孩子

在日常交際中，人人都需要讚美，人人也喜歡被讚美。喜歡聽讚美的話是人的一種天性，是一種正常的心理需求。讚美能使人寬慰，讓人快樂，還能讓人與人之間的關係更為融洽。

可是，在現實當中，自我感覺良好的孩子很多，而真正能夠欣賞別人的優點，懂得讚美他人的孩子很少。對己寬鬆、對人苛刻、吝於使用讚美的言語是許多孩子的通病。

有兩個孩子一起走進天使的玫瑰園，他們都希望天使能夠賜予自己一束幸福的玫瑰花。然而，天使卻只送給他們每人一束綠色的玫瑰枝，兩個孩子都有點失望。

天使把他們分別叫到自己的面前，微笑著說：「孩子，你能描述一下你的那個夥伴給我聽嗎？如果你比對方英俊，你將獲得一束幸福的玫瑰花。」

第一個孩子一臉傲慢，他驕傲地說：「我比他的個子高，眼睛也比他的大，你看他的鼻子還塌塌的，我自然比他英俊多了，請天使賜予我一束幸福的玫瑰花吧！」

第二個孩子聽了天使的話，轉身端詳了第一個孩子幾眼，然後誠懇地說：「他的個子高高的，眼睛大大的，鼻子也挺挺的，真好看。天使只有一束幸福的玫瑰花，就請賜給他吧！」

結果，第二個孩子手中的第一束玫瑰枝，徒然綻開了芳香的花朵。而第一個孩子手中的玫瑰枝，竟然變成了一束枯萎的蒿草。

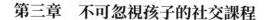

第三章　不可忽視孩子的社交課程

　　孩子能夠欣賞自己的優點固然是好的，但一個只看到自己的優點、看不到他人優點的孩子，必然會給他人留下傲慢和自以為是的印象。這對自己、對他人都是無益的。學會讚美別人，將會讓孩子終身都受益無窮。

　　教孩子從小學會讚美，不但能培養孩子欣賞美的眼光，更重要的是，能培養孩子關愛人的能力。懂得讚美的孩子不但能贏得良好的人際關係，還能擁有豐富的情感與美好的內心世界。

　　讚美，就是用語言表達對人或事物優點的喜愛之意。它不是虛偽，不是恭維，是發自內心地對他人的欣賞與鼓勵。真誠的讚美，常常會在最恰當的時刻發揮最好的效果。不適當的讚美，卻會讓人覺得言不由衷，從而產生憎惡的感覺。所以，懂得讚美的分寸，才能讓讚美變得更加有魅力。

　　讚美別人是處理人際關係的一種策略，也是良好心理素養的表現。在人和人的交際中，適當地讚美對方，總是能夠創造出一種熱情友好、積極懇切的互動氣氛。這是因為，贏得別人對自己的讚許，是人類的一種本能需求，人們正是在別人的讚美聲中認知到自己存在的價值的。其次，讚美能促使對方形成良好的行為規範，有利於相互的交際關係向積極的方向發展。

　　適當的讚美不僅能使人的自尊心、榮譽感得到滿足，更能讓人感到愉悅和鼓舞，從而會對讚美者產生親切感，相互間的交際氛圍也會大大改善。尤其是當交際雙方在認知上、立場上有分歧時，適當的讚美會產生神奇的力量。讚美不僅能化解矛盾，克服差異，更能促進理解，加速溝通。所以，善交際者也大多善於讚美。

　　真誠的讚美和鼓勵，就是對他人價值的最好承認和重視，能讓人的心靈需求得到滿足，有助於增強他人的自尊心和自信心，給予他勇氣，激發其潛力。如孩子因為聽到同學的讚美，會變得更加有自信、富有鬥志；因為家長的讚美，孩子會表現得更加乖巧、懂事、善解人意；因為老師的讚美，孩子

能更好地完成課業任務，取得優異的成績。

安東尼‧羅賓有個非常淘氣的女兒，她整天跑上跑下鬧個不停，讓安東尼‧羅賓感到非常心煩，為此，他不得不經常責罵她。

有一天，她突然表現得很好，沒有做一件惹人生氣的事情，家人都非常高興。到了晚上，安東尼‧羅賓把女兒安頓上床後正要下樓時，突然聽到她低聲的哭泣。他不禁停下腳步，關切地問道：「孩子，妳怎麼啦？」

他的女兒抬起頭來，帶著淚水問爸爸：「爸爸，難道我今天不是一個很乖的小女生嗎？為什麼你們都不表揚我呢？」

安東尼‧羅賓愣住了，他沒有想到，表揚對於她來說是這麼重要，為了等爸爸、媽媽的表揚，小女孩已經忍了一天了。

安東尼‧羅賓不禁抱住他的女兒，親吻道：「我的小天使，妳今天的表現實在太好了，爸爸為妳驕傲！」

小女孩終於破涕為笑了！

看，讚美的力量多麼強大呀！

那麼，家長應如何教孩子讚美別人呢？

➤ **讓孩子明白讚美的真正意義**：要讓孩子明白，讚美是發自內心的、真誠的語言，它並非虛情假意，也並非言不由衷。讚美的目的，是讓別人了解自己的優點，從而產生精神上的愉悅！而且，讚美別人還能為自己帶來好心情。

➤ **培養孩子讚美他人、欣賞同伴的意識**：同伴間可以透過獨特的情感交流與體驗，傳遞思想，增進友誼，形成一種和諧、友愛、團結向上的氛圍，從而增強孩子良好的道德習慣，而對同伴的欣賞能更好地促進孩子間的交際。

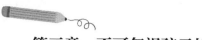

> ➤ **要教給孩子讚美的方法**：如用怎樣的語言來讚美他人，怎麼用行為讚美他人……家長要讓孩子掌握讚美的不同方式，運用正確的讚美方法，真誠地讚美他人。

> ➤ **家長言傳身教**：在生活中，家長對孩子要多一點讚美，少一點挑剔、批評、指責。孩子受到家長的薰陶，自然而然就會讚美他人、關心他人、體會他人的感受。

　　總之，打動人最好的方式就是真誠的欣賞和善意的讚美。從小就懂得讚美他人的孩子，不但能贏得他人的喜愛，還能得到善意的回報，甚至因此獲得更多發展的空間與成功的機遇。

▌讓孩子掌握微笑的藝術

　　在法國，曾到處流傳著一首題為〈微笑〉的詩，其中有這樣幾句：「微笑一下並不費力，但它卻產生無窮的魅力。受惠者成為富有，施予者並不變窮。」它高度評價了微笑在社交中的價值，它是多麼美好，多麼神奇。

　　的確，在人與人交際的過程中，微笑的魅力是無窮的。一個善解人意的微笑恰如一縷和煦的陽光，能溫暖他人的心田；一個恰到好處的微笑猶如一股徐徐的清風，能驅散他人內心的陰霾……一個經常面帶微笑的孩子，走到哪裡都是受歡迎的。

　　達文西的「蒙娜麗莎」是被全世界公認為最偉大也最具魅力的藝術品之一，這幅畫之所以會征服全世界，就是因為蒙娜麗莎那若隱若現而又彌漫充盈的神祕的笑意。可見，微笑有著超越時空的震撼人心的力量。

　　面露平和歡愉的微笑，證明你心情愉悅、熱愛生活，你的微笑向大家展示了你積極、健康、樂觀的魅力。面帶自信的微笑，以不屈不撓、勇往直前的姿態與人交際，你會被他人欣然接受，同時獲得朋友的信任和讚許；面帶

真誠友善的微笑，用內心的善良和友好，讓對方感受到你待人誠懇、平易近人的品德。在平凡的工作崗位上保持你燦爛的微笑，創造一種和諧融洽的氣氛，讓你的服務在微笑的海洋裡蕩漾，為自己創造一份輕鬆的心情，為朋友送上一份真摯的祝福。

德國的威爾科克斯曾說過：「當生活像一首歌那樣輕快流暢時，笑顏常開乃易事；而在一切事都不妙時仍能微笑的人，才活得有價值。」可以說，微笑是所有的人類特徵中最富有魅力的，微笑著面對他人，微笑著面對困難，你將會收到意想不到的驚喜。

是啊！微笑待人不僅僅是一種好的行為狀態，也是一種良好的心態，家長應該教育孩子學會微笑待人，這是孩子應學會的做人準則之一。

➤ **鼓勵孩子對自己微笑**：要培養一個以微笑待人的孩子，首先要鼓勵孩子學會對自己微笑，具體可以按以下幾點練習：

· **照鏡練習法**：孩子放學後，家長有意讓孩子對著鏡子微笑。微笑的時候，嘴角應該向上翹，雙頰的肌肉會稍稍上抬，露出六顆牙齒。讓孩子觀察一下自己的表情，看看自己的微笑是否自然。

· **利用環境法**：輕鬆愉悅的環境會讓孩子產生滿足感，這時孩子的微笑是發自內心的，讓孩子聽一些有趣的故事，看一本他喜歡的書，也都是不錯的選擇。

· **情緒過濾法**：要發自內心的微笑，就一定要過濾掉那些不好的情緒，如果壞情緒占據上風，再開朗的人也笑不出來。其實，很多事情就是這樣，以灰色的眼光看問題，就只能看到灰色的處境。換一個角度，換一個心態，眼中的世界，就會煥然一新。對孩子來說也是一樣，有些東西不能只看不好的一面，這樣會為自己帶來不好的

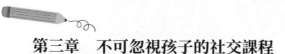

情緒反應，要看到事情的積極方面，才會有一個好的心態。而好的心態其實就是一種積極的情緒過濾，更是一種積極的心理暗示。

➤ **讓孩子對他人微笑**：應該讓孩子學會對他人微笑，並時常保持自己的笑容。教孩子對人微笑時，要讓孩子注意以下幾個方面：

　· **微笑時要看著對方**：對他人微笑時，應該是全身放鬆的，用真誠的微笑打動對方，而不是機械地微笑。如果對方無法從孩子的眼神中看到熱情和誠意，也就失去了微笑的意義。

　· **微笑時要注意語言的運用**：有時候，微笑著說出「您好」、「早安」、「沒關係」、「對不起」、「謝謝」等簡單的語言，會比單純的微笑更能感染人，更容易贏得別人的好感。

　· **對任何人都微笑相待**：教育孩子不僅要對自己的家人、老師和同學微笑，還應用微笑感染自己身邊的其他人。

➤ **引導孩子發現快樂**：快樂的微笑是保持生命健康的唯一良藥，它的價值何止千萬，快樂其實無處不在，不論做什麼事情，對待什麼人，只要從好的方面去觀察、去考慮事情的發展，那他一定能感受到快樂。一個善於發現快樂的人，總能保持樂觀的心態，微笑一定會常常掛在臉上。

➤ **讓孩子常和他人分享快樂**：微笑會蔓延，快樂也一樣。當一個人快樂的時候，他把快樂的事說給他人聽，很快他人也會受到感染，並快樂起來。假如一個人總是哭喪著臉，把消極的情緒傳遞給別人，別人也很難快樂起來，不快樂，臉上怎麼會有笑容呢？所以，要讓孩子學會和他人分享快樂，越是這樣做，他越會發現，一張快樂的笑臉，總會受到很多人的歡迎。

　　微笑不僅給予人們愉快、溫馨，也傳達著一種安全感，一種對生活的滿足和對社會的信賴。微笑很簡單，人人都能做到。微笑又很不簡單，當一個社會充滿了微笑時，你會感到生活也充滿了魅力。每天微笑多一點點，世界就會變得更加美好，讓你的孩子學會微笑吧！有了燦爛的心情，天藍了，雲白了，風輕了，孩子的憧憬就會變成現實，孩子的世界就會充滿陽光。

▌幽默的孩子人見人愛

　　美國學者特魯說過：「幽默是一種能力，一種了解並表達幽默的能力；幽默是一種藝術，一種運用幽默和幽默感來增進你與他人的關係，並改善你對自己作真誠評價的一種藝術。」在家教過程中，如果家長注意培養孩子的幽默感，不僅會為孩子的社交活動帶來好處，而且會讓孩子受益終身。

　　有一天，古希臘哲學家蘇格拉底正在和一群學生談論學術問題，他脾氣暴躁的妻子突然衝了進來，不由分說地大罵一通，接著又提起裝滿水的木桶突然澆了過來，把蘇格拉底全身都弄溼了。學生們以為老師一定會大怒，然而出乎意料，他只是笑了笑，風趣地說：「我知道，雷聲過後，一定會下雨的。」大家聽了，不禁哈哈大笑，蘇格拉底的妻子也不好意思地退了出去。

　　幽默是健康生活的營養品，是人際關係中心靈與心靈間快樂的天使。擁有幽默，就擁有了愛和友誼，凡具有幽默感的人所到之處，皆是一片歡樂和融洽氣氛，他們偶爾說一句幽默的話，做一個滑稽的動作，往往都能引起人們會心的笑聲，這種笑除了給人富含哲理的啟迪外，還能促進腎上腺素的分泌，加速全身血液循環，使新陳代謝更加旺盛，有延年益壽之功效，「笑一笑，十年少」正是這個道理。

　　幽默是一種修養、氣度和胸懷。幽默同時是一個社會對高素養人才的要求，是現代文明的呼喚。在日常生活中，人們之所以常常對幽默的人刮目相

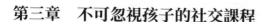

看，就是因為幽默的人常常為人們撐起一片風和日麗的天空，散發著幽雅的文明氣息，讓人有平和安寧之感。

幽默感是一種生活態度，所以必須從小訓練，從小事訓練，從小處訓練，目的就在於把幽默感變成孩子的生活習慣。那麼，該如何培養孩子的幽默感呢？

➤ **儘早培養孩子的幽默感**：孩子是最富有幽默天性的，他們的幽默是最自然、最坦率、最美好的語言。孩子在不會說話走路時，家長就可以用扮鬼臉、做各種誇張的表情、用手帕蒙住臉等來吸引孩子的注意，引發孩子的樂趣。剛開始，孩子可能只是對幽默刺激做出反應，時間久了，孩子會發出「咯咯」的笑聲，甚至模仿這種做法，這就是幽默的啟蒙。

➤ **做有幽默感的家長**：想讓孩子具備幽默感，家長首先要讓自己學會幽默，家長的幽默，能發揮說教無法比擬的作用，能潛移默化地影響孩子，使他成為一個樂觀的人，增加他受人歡迎的指數。如果家長懂得營造一種幽默的說話風格，不但能讓孩子輕鬆快樂，更能讓孩子在潛移默化中學會幽默的表達方式。很多時候孩子的幽默感就是來自於家長，比如，三、四歲的孩子，因為聽到大人說好玩的話或看到某個幽默的動作，便哈哈地笑個不停，這表示孩子的幽默感正在形成，此時，家長的協助很重要，家長可以比孩子笑得更誇張，從而強化孩子的幽默感。

➤ **培養孩子愉悅和寬容的心態**：幽默的心理基礎是愉悅、寬容的心態，要教育孩子與人愉悅相處、寬容待人，用幽默解決矛盾糾紛，用幽默提出與對方分享的要求，用幽默提出批評建議。

➤ **讓生活充滿笑聲**：一個幽默的孩子一定是愛笑的孩子，愛笑的孩子往往善於發現幽默和製造幽默。在日常生活中，家長可多和孩子玩一些有趣

的情境遊戲，如躲貓貓、扮鬼臉、找寶貝，讓孩子在遊戲中充滿開心的笑聲。同時，在掌握幽默的過程中，還應注意幾方面：富有幽默感的言語應當以不傷害他人為原則；幽默的言語要以禮貌為基礎；幽默感的動作應以不涉及危險動作為原則。同時，家長與孩子說笑話或表演滑稽的動作時，要考慮孩子的年紀，因為大人認為好笑的言語或動作，孩子不見得會有同感，但孩子認為好笑的言語或動作，即使大人覺得不好笑，也要陪孩子一起笑。

➤ **讓孩子做自己喜歡做的事情**：對孩子來說能做自己喜歡的事情就是最快樂的，因此，要給孩子自由的空間，讓他們自己去尋找生活的樂趣。

➤ **鼓勵和強化孩子的幽默**：鼓勵孩子大膽地表現幽默，讓孩子大聲地說笑，為孩子搭建一個可以自由表現幽默的舞臺，對培養孩子的幽默很重要。而當孩子說出一些幽默的話或者做出一些幽默的動作時，別忘了給孩子一些掌聲，讓孩子和自己都輕鬆一下。同時，家長要用藝術的眼光，將孩子的幽默故事加以擴大並提煉，讓它們在合適的場合加以重現，以強化幽默感，讓孩子意識到這就是幽默。

總之，一個富有幽默感的孩子是家長培養起來的。如果你希望自己的孩子幽默、樂觀、表達能力強，那麼就從小培養孩子幽默的性格吧！幽默將會讓你的孩子輕鬆贏得別人的喜愛。

第三章　不可忽視孩子的社交課程

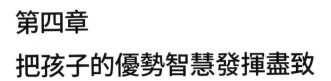

第四章
把孩子的優勢智慧發揮盡致

　　每個孩子都有其智慧強項和興趣所在，家長如果能以一種平和的眼光去看待每個孩子，善於捕捉並挖掘其長處，並以此為契機引導和帶動孩子其他智慧的開發和個性發展，就會獲得良好的效果。與此同時，孩子的成就感必定會帶給他更多的自信與樂觀，原本沉默、內向的孩子也終會變得活潑、開朗。

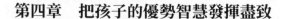

內向孩子的智慧也多元

我們常聽一些家長讚嘆鄰居家的孩子膽大、勇於在眾人面前表現自我，而對於自己內向的孩子則抱怨不已，「不知道他是怎麼了，總是躲在人後，甚至不敢見陌生人，這麼膽小，真沒出息。」

我們也常聽一些家長誇獎別人的孩子在班上成績突出，羨慕之情溢於言表，並認為這樣的孩子將來一定會有出息，發展任何事業都會成功。而對自己成績不理想的孩子感到很失望，甚至失去了信心。

我們不否認膽子大、成績好的孩子將來事業成功的機會大一些，但是也不能說膽子小、學業成績不好的孩子就沒有出息。身為家長，要清楚每個人的智慧是多元的，內向孩子只是語言智慧或者人際智慧差強人意，但完全可以透過後天有意識的訓練得以改善。而且，孩子內向不等於孩子一無是處，他們也有很多優點。

美國哈佛大學教授加德納曾提出多元智慧理論，此理論有助於家長在了解與評價孩子以及掌握孩子能力等方面有更加完整、清晰的認知。加德納認為，人類的智慧是多元的，這些智慧包括語言智慧、數學邏輯智慧、空間智慧、身體運動智慧、音樂智慧、人際智慧、自我認知智慧及自然觀察智慧。

> **語言智慧**：語言智慧是指語言理解、語言表達和欣賞語言的能力。語言能力對於每一個人來說都是至關重要的。當孩子逐漸掌握了與別人正常交流和溝通的能力後，才逐漸成為完整意義上的人。

> **數學邏輯智慧**：數學邏輯智慧是指人能夠進行數學運算、分析綜合、邏輯推理的能力。比如，讓孩子數一數自己有幾隻眼睛、幾個鼻子、幾隻耳朵、幾張嘴巴，或者讓孩子數數有幾朵花，說出周圍哪些東西是圓形的，完成這樣簡單的遊戲所需要的就是數學邏輯智慧。

➤ **空間智慧**：空間智慧是指人們對物體的大小、形狀、上下、前後、左右、遠近等空間概念的認知，以及對物體空間位置關係的認知。在生活中，空間智慧是必不可少的能力。如果一個孩子對物體的形狀、空間關係、色彩等的認知發展得早，很小的時候就開始自己畫意象畫，而不只是模仿別人的畫，喜歡用圖形或畫來表達自己的思想和情感，喜歡看畫展，喜歡畫各式各樣的東西，極為反感別人在自己畫畫時打擾自己，能欣賞或評價別人的繪畫作品，繪畫作品的立體感強，比例概念得當 —— 這些信號便昭示著孩子具有空間智慧優勢。

➤ **身體運動智慧**：身體運動智慧是指人能巧妙地操縱物體和調整身體的技能。比如，運用身體語言來表達想法和感覺，用雙手靈巧地擺弄玩具、使用工具，還有平衡、協調、敏捷、力量、彈性和速度等身體技巧。

➤ **音樂智慧**：音樂智慧是指人能敏銳地感知音調、旋律、節奏和音色等的能力。有研究顯示，接受過音樂教育的孩子與沒有接觸過音樂的孩子相比，前者的閱讀、寫作、數學、語言成績比較好，注意力集中程度比較高，空間推理能力也比較強。音樂還對口語學習有很多好處，能夠幫助孩子快速掌握語言的節奏和音調，無論是母語還是外語。音樂教育還可以幫助孩子累積社交和情感技能、減少表演焦慮、協助運動發育、增強創造性。所以，從小讓孩子聽各種不同的音樂，尤其是古典音樂，對於促進孩子的想像力、讓孩子學習用音樂表達自己的感情、用音樂來放鬆身心，都是非常有好處的。如果一個人從小就能安靜地聽各種歌曲、樂曲，節奏感很強，聽覺敏銳，尤其對音樂的聽覺非常精確，聽到熟悉的樂曲或歌曲時極易興奮和激動，常常會情不自禁地低聲附和，識譜、記譜的能力很突出，對彈奏練習有濃厚興趣，喜歡合唱和演奏，對演奏有「天生」的好感，喜歡各種樂器並有持久的興趣，能演奏一種或多種樂

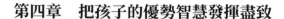

器，能用歌曲或音樂表達自己的思想和情感 —— 這便是一個具有音樂智慧優勢的孩子的重要表現。

➤ **人際智慧**：人際智慧指能夠有效地理解別人和與人交際的能力。很多幼兒期的孩子都無法擺脫以自我為中心的想法，他們很難站在他人的角度來思考問題，無意識之中就會認為自己所想即他人所想，自己所感即他人所感。所以，家長應該為孩子留出時間和空間，讓孩子與同齡人充分社交。在與同伴交際的過程中，尤其在角色扮演等遊戲活動中，讓孩子學習了解他人的想法、情感體驗，這些都是非常重要的。

➤ **自我認知智慧**：自我認知智慧是指正確地認識自己、喜歡自己，並且會根據周圍的環境調整自己行為的能力。比如，學會判斷自己行為的對錯，會自己做計畫並且對自己的生活負責，這些能力都是自我認知智慧。對於年齡尚小的孩子，我們可以透過問孩子「希望長大做什麼」、「你喜歡什麼」、「不喜歡什麼」等問題來幫助孩子了解自己。

➤ **自然觀察智慧**：自然觀察智慧是指善於觀察自然界中的動物、植物、天氣變化等自然現象的能力。具有自然觀察智慧特質的孩子，在生活中會表現出敏銳的觀察力與強烈的好奇心。培養孩子認識自然、接觸自然是必要的，因為人類本來就是自然界的一員，了解自然界生生不息的力量，他們才會懂得重視生命、珍惜生命。對於內向的孩子，可以透過經常帶他們晒太陽、看風景、玩水來讓孩子喜歡大自然；可以和孩子一起在陽臺上種一些簡單的植物或者在家裡飼養烏龜、小魚等小動物，讓孩子學習自己照顧動植物，讓他體會生命成長的可貴；也可以和孩子一起閱讀有關大自然的書籍，增進孩子對大自然的興趣和關心。

人類的智慧是多元的，多元智慧在個體身上的表現側重點也是不盡相同

的：孩子內向，可能只是人際智慧方面有所欠缺，並不能因此而對孩子的其他智慧全面地予以否定。孩子內向但是卻酷愛讀書，說明他的語言智慧比較突出，不妨有意識地培養訓練孩子的寫作能力，說不定會培養出一個小作家呢！孩子內向但是愛玩積木，說明他的空間智慧比較突出，動手操作能力比較強，不妨加大對孩子空間能力方面的訓練。

　　總之，家長切不可因為孩子內向而對孩子的其他優勢智慧漠然置之，或者在自己孩子和其他孩子之間進行不恰當的對比。明智的做法是，及時發現孩子的某項優勢智慧並因勢利導，強化內向孩子的自信心。只要掌握了培養、教育孩子的正確方法，讓自己的孩子「成龍」、「成鳳」的願望就不難實現。

▎要強化孩子的優勢智慧

　　強化內向孩子的優勢智慧可以很好地幫助他們增強信心，沖淡自卑心理。因此，身為內向孩子的家長，除了能客觀地了解孩子內向的事實，積極地採取教育措施，修正孩子因為內向性格而帶來的一些弊端外，還應在努力挖掘出孩子的優勢智慧後，採取一系列相應的措施對孩子的優勢智慧加以強化，增強孩子的信心和內在驅動力。

　　有這樣一則寓言故事：

　　小兔子到了國小的年齡，被家長送到動物學校。在學校裡，小兔子最喜歡上的是跑步課，幾乎每堂課都得第一名，小兔子為此感到很高興；小兔子最不願意上的是游泳課，不管牠怎麼努力，總取得不了好成績，小兔子為此感到非常苦惱。小兔子想放棄游泳，但牠家長不同意。當老師看到小兔子為上游泳課苦惱時，表示願意為小兔子提供幫助。老師對小兔子說：「跑步是你的強項，是你的優勢，往後你就不用再練跑步了；只要你專心練習游泳，

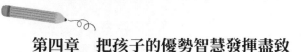

就一定能取得好成績！」從此，小兔子專心致志地開始練游泳。但結果是：經過一段時間的訓練後，小兔子的游泳能力不但沒有多大長進，就連牠的優勢 —— 跑步的成績也下降了許多。

該寓言故事包含著這樣一個道理：人有所長則必有所短，每個人都有自己的優點和長處，但同時每個人都不可避免地存在各種缺點和不足。有些家長往往過於看重孩子的缺點和不足，並試圖讓孩子克服所有缺點，彌補所有不足。一個人有缺點和不足固然需要克服和彌補，但如果讓孩子把主要精力都用在克服缺點和彌補不足上，那麼，孩子就可能因此喪失自己的優勢。

我們知道，語言智慧強的孩子，口語表達能力強，對語言的理解快；數學邏輯智慧強的孩子，計算能力好，喜歡推理分析；空間智慧好的孩子，喜歡堆積木、蓋房子和畫畫；身體運動智慧強的孩子，動作協調性好，模仿動作惟妙惟肖；人際智慧強的孩子，天生是一個領導者，善於和人打交道；音樂智慧強的孩子，對節奏敏感，喜歡唱歌跳舞；自我觀察智慧強的孩子，做事有計畫，充滿自信；自然觀察智慧強的孩子，喜歡動植物，觀察力過人。凡此種種，都說明孩子是各有特點的，身為家長，不應強求孩子一定要怎樣怎樣才好。

當你了解了孩子對動物有莫大的興趣時，就帶他去自然博物館，和他一起買關於動物的書，鼓勵他的興趣，孩子長大時，成為生物學家的可能性就很大！如果孩子非常喜歡打球、游泳等體育活動，就為他提供條件，說不定就能培養出一個世界冠軍！當然，不成名成家也不要緊，將來他能找到自己喜歡的職業，做自己擅長的事情，那也可以享受快樂人生。如果孩子從小對泥塑和折紙等手工藝活動非常感興趣；對各種機械製造或技術發明方面的故事興趣甚濃，能長時間地聽這些方面的故事，並不厭其煩地聽上好幾遍；喜歡拆卸玩具、修理玩具，喜歡自己動手製作玩具和手工藝品；喜歡修理鐘

錶、手電筒等；喜歡收集和保存各種機械模型和零件；喜歡讀有關科學和機械製造方面的書籍、報刊……那麼，這些信號預示著孩子有較強的機械能力，很有可能在與機械相關的發明創造方面有所作為。總之家長要有意識地從孩子的優勢智慧方面培養和訓練孩子。

強化孩子的優勢智慧，除了採取相應的培養措施、鼓勵孩子多參加與優勢相關的活動和比賽外，家長還應該注意以下兩點：

第一，方法一定要科學。關心孩子的初衷固然很好，而且也是有必要的。但問題是有些家長忽視了自己孩子的特質、性格和愛好，總把別人的經驗當做普遍真理，這就有失偏頗了。在日常生活中，很多家長往往錯誤地認為孩子需要的教育是訓導與懲罰，對孩子的優點、長處看在眼裡、喜在心裡，不動聲色，而對孩子的缺點和錯誤，動輒批評、指責甚至懲罰。其實，他們沒有意識到，對孩子進行合理的培養，孩子的優勢智慧才會得到強化。否則，孩子只是疲於奔命，卻不會有所成效。說得淺顯通俗一點，如果孩子喜歡動物，不喜歡樂器，就不要強迫他彈鋼琴；孩子喜歡運動，不喜歡畫畫，那也沒必要擔心。家長一定要注意自己的言談，不要一味地拿別的孩子的長處和自己孩子的短處相比較，避免讓孩子覺得自己不如別人，而且要想辦法讓孩子明白你很欣賞他的優勢智慧。對於內向孩子的家長而言，更應如此。因為內向性格的孩子往往比外向性格的孩子的心靈更敏感、多疑一些。此外，家長不要強求孩子在各個方面都做到完美。對於性格內向的孩子而言，當家長的做法與他們的主觀意願不相符時，他們一般不會有什麼言語上的異議，但是他們會用行動作出無聲的反抗。

第二，兼顧其他智慧的發展。孩子身上存在著多種智慧，有些孩子會突顯出一兩種明顯高於其他同齡孩子的智慧。這時，家長在強化其優勢智慧的同時，也要兼顧其他智慧的發展，切勿一味迷信「一招鮮，吃遍天」。畢竟

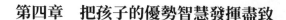

第四章　把孩子的優勢智慧發揮盡致

孩子還小，很多方面還有待發展。腦科學的研究發現，一個人的智力潛能是很大的，比我們所能想像的要大得多，生活環境和教育會塑造我們的大腦和智力。豐富的刺激，能夠塑造一個具有多元智慧的大腦，單調的刺激就會埋沒本來具有的多元智慧的潛能。所以，在孩子的大腦正在發展塑造的過程中，如能提供豐富的活動，使這些活動能夠涵蓋孩子智慧的多個方面，孩子的智慧發展空間就更大，智慧結構就更加豐富，將來的發展前景自然會更加廣闊。

▎孩子的天賦需要家長發現

一個人要成功、成才並不難，關鍵是要天賦作指引。其實，每個孩子都有天賦，只是，很多孩子的天賦從小就被埋沒了。

所謂「天賦」，是指生來就已經具備的成長特性，對特別的事物或領域具有天生優勢，而其可以在同樣經驗甚至沒有經驗的情況下，以勝於其他人的速度成長起來。比如，所有媒體在評價傑克森時都說：「他那獨特的聲音、創新的舞蹈，他那驚人的音樂天賦和與生俱來的明星氣質，讓所有的人感動！」「傑克森對後世最大的啟發是：音樂是天才的產物，他在藝術上的成就、天賦和遠見都是很少見的，他是世界賜予我們的禮物！」可見，當天賦被挖掘、被發現時，離成功、成才就只有那麼一小步了。

瑪里·居禮有兩個女兒：伊雷娜·居禮和伊芙·居禮。她們都很優秀，都在各自的領域取得了巨大的成功。然而她們的成功應首先歸功於她們的母親，因為正是瑪里·居禮第一個發現了她們各自的「天賦」。

瑪里·居禮的家教觀是，努力創造條件發現女兒的天賦。早在女兒們牙牙學語時，瑪里·居禮就開始對她倆的某種天賦進行了發現，她在筆記本上寫道：「伊雷娜在數學上聰穎，伊芙在音樂上早慧。」當女兒剛上小學，她

就讓她們每天放學後在家裡再參加 1 小時的智力活動，以便進一步發現其天賦才能。當她倆進入賽維尼埃中學後，瑪里‧居禮讓女兒每天補習一節「特殊教育課」：或讓由‧佩韓教她們化學，或由保羅‧朗之萬教數學，或由沙瓦納夫教文學和歷史，或由雕刻家馬柯魯教雕塑和繪畫，或由穆勒教授教外語和自然科學。每星期四下午，由瑪里‧居禮親自教兩個女兒物理學。

經過兩年的特殊教育後，瑪里‧居禮覺得，伊雷娜個性文靜、專注，痴迷化學並立志要當科學家研究鐳，這些正是科學家所具備的素養。而伊芙生性活潑，充滿夢幻。瑪里‧居禮便先讓她學醫，然後再引導她研究鐳，又激勵她從事自然科學，可伊芙對科學沒有興趣。經多次觀察，瑪里‧居禮才發現伊芙的天賦是文藝。這種不斷發現孩子天賦的家教觀念，引領著瑪里‧居禮透過成功的家教使女兒伊雷娜‧居禮因「新放射性元素的合成」而獲 1939 年諾貝爾化學獎，也使伊芙‧居禮成為一位優秀的頂尖音樂教育家和傳記文學作家。

可見，天賦是人的一種先天具有、無師自通的資質。在母體中 8 個月的胎兒，對宇宙萬物中的聲、光、圖案、色彩、景物等已有著某種天然的交融感應。畢卡索對線條、色彩和空間就有這種交融感應的天賦潛能，一旦作畫，就得心應手，一揮即成。但有再好的天賦也需要發現並善加利用。

在這裡，提供一些發現並培養孩子天賦的建議和指導方法，各位家長不妨借鑑一下：

音樂天賦

有音樂天賦的孩子主要表現在對音樂的敏感性上，尤其對於一些特別的音樂，孩子的注意力很容易被吸引。比如，在他哭泣吵鬧的時候，聽到優美動聽的音樂，他會突然停止哭鬧，而且會手舞足蹈，有些孩子還能隨著音樂

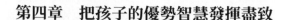

節奏做出各種身體動作，這說明孩子的音樂細胞非常活躍。

　　培養對策：要把音樂融人生活。家長們可以為孩子創造一個良好的音樂環境，讓他在家隨時能聽到優美的音樂。音樂細胞活躍的孩子往往會對優美的聲音投入很大的注意力，而生活中創造的音樂環境，又讓孩子在無形中強化了他的樂感，逐漸的，他就能從無意識地聽音樂到有意識地從音樂中尋找節奏。家長們還可以帶孩子多去接觸大自然，或是有意製造一些特殊聲音，培養孩子對聲音的敏感度。如果有條件，也可以在孩子大一點的時候，買一些樂器或是音樂 CD、書籍等給他，滿足他的興趣需求。

語言天賦

　　有語言天賦的孩子，往往說話要比同齡的孩子更早。一般來說，2～3 個月的嬰兒，已經能夠發出喉音，每當大人逗樂的時候，能發出「啊」、「伊」等音；7～8 個月，能發簡單音節；1 歲左右，可以發兩個重音的字，如「燈燈」、「東東」、「飯飯」等。

　　培養對策：如果家長們發現了孩子在語言方面有天賦，就要盡量用中文講故事給孩子聽，發音、文法要力求正確，語言簡練，句子完整。最好不要用方言，因為各地的方言差別很大，這對孩子以後理解事物會有影響。家長還要重視知識對語言的巨大作用，一般知識豐富的孩子，說的話題也能多一點，自信心也會更強。可以多帶孩子到戶外觀察大自然，參觀公園，透過觀察擴大孩子的眼界，讓孩子的生活多采多姿，這也有助於發展他的思維、想像，提高語言表達能力。

繪畫天賦

　　五彩斑爛的世界讓孩子充滿了好奇心。鮮豔的花朵、美麗的彩虹、湛藍的天空、五彩的燈光。當你的孩子開始對這些有顏色的事物感興趣時，你要

注意了，這是孩子發出的一個信號：你的孩子也許有著不錯的繪畫天賦。

培養對策：孩子對顏色感興趣，不一定代表孩子是天才，可以無師自通，或是一日千里。配合天賦培養孩子還是要從基礎做起，家長們首先要教導孩子認識顏色，一個顏色一個顏色的來，剛開始的時候，父母可以先指著一樣實物，告訴他這是紅色。以後每次遇到這個實物的時候，父母都可以對孩子再強調一遍。反覆幾次下來，孩子就會認識這個顏色了。孩子認識幾種顏色之後，就可以透過辨認圖畫、衣服上的顏色來進一步鍛鍊對顏色的敏感度，另外，孩子一開始接觸繪畫的時候，往往都不成章法，家長們千萬不要干預，塗鴉正是創作的開始。

數學天賦

也許很多家長覺得在學會加減乘除之前，是絕對看不出孩子的數學天賦的，其實也未必盡然，孩子在歸納搭配時也會表現出一定的邏輯思維能力，這些都是和數學天賦有關係的。比如，孩子知道一雙筷子搭配一個碗，一張桌子四周要擺四把椅子，這些都是他積極思維的表現，孩子能夠理清家庭關係，知道誰和誰是夫妻，知道遠房親戚怎麼稱呼；孩子能夠記住一些電話號碼，對一些重量、長度、金錢的數字比較敏感，這些都是孩子邏輯清晰的證明，如果孩子在這方面表現突出，家長們就可以在數位領域多做些準備。

培養對策：家長可以用玩遊戲的方式先培養孩子對數字的敏感性，讓他多接觸一些需要邏輯思考的活動。比如，讓他把玩過的玩具放到原來的地方，讓他辨認某個東西原來在哪裡，訓練孩子做家事，透過一個衣鉤掛一件衣服、一個人一張票等活動讓他對排列組合、分類歸納有直覺體驗；或是有意識地讓孩子幫忙記住電話號碼、地址之類的事情，強化他的記憶力。

▎培養孩子的興趣很重要

興趣是智力活動的巨大動力，是人們進行求知活動和學習的心理因素之一。實驗證明，興趣比智力更能促進孩子學習，強烈而穩定的興趣是從事活動、發展才能的重要保證。

「興趣是最好的老師。」一個人如果做他感興趣的事，他的主動性將會得到充分發揮。即使是十分疲倦和辛勞，他也總是興致勃勃、心情愉快；即使困難重重，他也絕不灰心喪氣，而是不斷地去想辦法克服種種困難。如果讓孩子去學他感興趣的知識，即使學習的時間很長，他也絲毫不覺得苦，反倒像是在玩自己愛玩的遊戲。

然而，在生活中，總有許多家長無視孩子的興趣和愛好，強行剝奪孩子的興趣，其結果必然會束縛孩子的發展。

覃石德從小就非常喜歡小動物，而且非常熱衷於研究小動物的生活習性。國中時，他常常因為觀察小動物而弄得渾身是泥。家長對此非常生氣，覺得他不務正業，於是就想方設法阻止他去外面玩。家長希望他學鋼琴，以便將來考試時加分。

剛開始，他總是趁著家長沒注意，偷偷地跑到附近的公園裡做自己喜歡的事。有一次，他把一個黑色的蜘蛛帶回家，家長知道後大發雷霆，訓斥他不應該把這麼髒的東西帶回家。爸爸還一腳踩死了蜘蛛，媽媽竟然摔爛了他收集了好幾年的裝著各種標本的「百寶箱」。那一刻，覃石德愣住了，回到自己的房間默默坐了一個下午。

從那以後，他的學業成績一落千丈，變得沉默寡言，家長為此非常憂愁，甚至懷疑他是不是智力出現了問題。

而覃石德的生物老師說：「覃石德這孩子非常聰明，如果好好培養，將來一定會是一個非常出色的生物學家。」

生物老師的話應該引起家長們的深思。

誠然，在提倡素養教育的今天，家長們都希望自己的孩子能興趣廣泛、發展全面，恨不得「十八般武藝樣樣精通」。然而孩子並不是一只碗，什麼飯都能盛下，也不是一張紙，想怎麼塗改都行。每個孩子都有自己獨特的個性特徵，要成功地培養起孩子某一方面的興趣，家長應採取以下幾種方法：

➤ **擴展視野法**：每個孩子都擁有自己的特殊興趣，這需要有心的家長慢慢去發掘。孩子如果沒有機會接觸世界上各種奇妙的事物，他們就很難對外界產生興趣，家長也就很難找出孩子的興趣，因此，家長應該創造機會，擴展孩子的視野。比如，多帶孩子參觀一些科技館的展覽，多讓孩子與大自然親密接觸等，都是非常有益的。

➤ **發現好奇心，引導興趣法**：好奇心是孩子興趣的出發點，孩子一旦對某事物產生好奇心，就會注意接近、探索這些事物，且會追根問底，一旦他所關心的事物使他不斷得到愉悅和滿足，那麼孩子就有可能將最初的好奇心變為持久的興趣。因此，當家長發現孩子對某種事物產生好奇心時，就要及時地引導他們，面對孩子千奇百怪的問題，家長們千萬不要顯得不耐煩，這些問題恰恰是孩子們求知欲的萌芽，家長們要耐心面對，千方百計為他們展示事物之中隱藏的「祕密」，或為其設定新穎的「問題情境」，把孩子置身於疑問之中，讓孩子被一些不解之謎所吸引，啟發他們積極探索以發現事物自身的趣味性；家長也可以在解釋孩子的問題時，為他們展示事物之間的普遍連繫及事物內部的規律，用巧妙的方法解決問題，喚起孩子的求知欲望，讓孩子自然進入興趣階段。

➤ **巧用遊戲法**：愛玩是孩子的天性，一些益智遊戲符合孩子身心發展的特點，並能滿足他們身心發展的需求，可以激發孩子對某一事物的興趣，因此，培養孩子的興趣，遊戲是最佳的方法之一，家長要根據需求，有

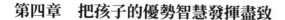

目的地指導、參與孩子的遊戲，使孩子在玩的同時，掌握許多必備的知識，激發他們進一步探索的興趣。另外，因為孩子年齡偏小，他們對有興趣的事情，一開始往往只憑好奇和熱情。因此，家長要及時引導他們從興趣中探索和思考，從興趣中獲得科學知識，使其保持興趣的長久性。對孩子的興趣不聞不問，是身為家長的大忌。

➤ **鼓勵表揚法**：家長是孩子心目中的第一個權威的評價者，孩子們都渴望得到家長的肯定。如果家長總是「打擊」孩子，很有可能會摧毀其求知欲。不少實際案例顯示，鼓勵表揚是促使孩子認真讀書、強化孩子良好行為的有效方法，孩子們的言語和行為受到成人的讚揚，便會成為一種動力，使孩子產生愉悅、滿足的感覺，激發他們對活動的興趣。家長千萬不要動不動就對孩子進行處罰，處罰孩子會帶來很多消極情緒，也會使孩子和家長對立，重挫孩子的自尊心、自信心、上進心，同時也會阻礙孩子對事物的興趣。

➤ **故事激發法**：故事是文學藝術的一種形式，它透過典型的人物、曲折的情節、生動的語言吸引和感染孩子，是向孩子進行品德教育的有效方法。我們可以把歷史、自然、數學、天文等知識寓於故事之中，在談古論今、暢述天南地北的過程中，激發孩子對天上、地下、動物、植物、科學藝術等多方面知識的興趣。此外，講故事要注意內容的選擇，故事內容既要有教育意義，又要適合孩子的理解水準。在講故事給孩子聽時，要利用生動、形象、優美的語言，並力求講得富於感情，這樣才可以吸引孩子的注意力。

➤ **好強心激發法**：孩子都是好勝的，他們願意向別人表現自己的才能，培養孩子的興趣時，可以抓住孩子的這種心理特點，為孩子創造取勝的機會，使孩子的興趣逐漸得到發展。

總之，只要家長多一些耐心、多一些鼓勵，多和孩子一起學習、玩耍，多留心觀察並引導，孩子的個性就會被發現，孩子的興趣就會被培養起來。

精心呵護孩子的理想之苗

歐巴馬是美國歷史上的第 44 任總統，也是美國歷史上的第一位黑人總統。一臉陽光的他，頗像好萊塢製造的青春勵志片的主角：背負著遠大理想，一步一步堅定地擺脫桎梏，堅毅勇敢地挑戰外界、挑戰自我，開創自己的美麗人生。

當選總統後，歐巴馬十分感激自己的母親，他說：「我身上最好的東西都要歸功於她。」歐巴馬的母親經常告訴兒子，「不要被恐懼或狹隘的定義所束縛，不要在自己周圍築起圍牆，我們應當盡力在意想不到的地方找到美好的事物」。正是由於母親良好的教育與引導，歐巴馬從小就樹立了遠大的理想；正是因為母親的坦誠與寬容，歐巴馬沒有生活在父母離異的陰影中，沒有為自己的膚色困惑：正是受到媽媽積極樂觀、勇於進取精神的影響，歐巴馬總能抓住機遇，迎難而上。

歐巴馬在寫給自己兩個女兒的信中提到母親對他的教育：「這正是我在你們這個年紀時，奶奶想要教我的功課。她把獨立宣言的開頭幾行唸給我聽，告訴我有一些男女為了爭取平等挺身而出、遊行抗議，因為他們認為兩個世紀前白紙黑字寫下來的這些句子，不應只是空話。她讓我了解到，美國所以偉大，不是因為它完美，而是因為我們可以不斷地讓它變得更好，而讓它更好的未盡任務，就落在我們每個人身上。」歐巴馬的母親把獨立宣言唸給歐巴馬聽，對他進行自由、民主和美國精神的教育，並且為他講述了「領導國家」的理念，使他從小立下了大目標、大志向。

可見，理想是深藏在心靈裡的一道迷人的風景，是聳立在遠方的一盞炫

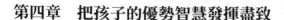

目的燈塔。人生的理想，有非常重要的作用。對一個孩子來說，理想的種子一旦生根發芽，就不會輕易滿足於現狀，總有追求完美、追求最高境界的欲望。取得一定成績之後，總有更上一層樓的決心和氣魄。這樣的人不成功於此，必成功於彼。

古人說：「人無遠慮，必有近憂。」孩子如果沒有遠大的志向，自身的激勵因素得不到很好的開發，在成長道路上就只能處於被動狀態，不是自己向前奔，而是靠家長推著走，缺乏積極進取的精神，這是孩子成長的大忌。

其實，一個人的理想早從兒童階段就開始萌生了，它是隨著孩子學習與實踐活動的發展，隨著家庭和學校教育的不斷深化，從無到有、從低水準到高水準逐步形成的。為此，家長千萬不能錯過孩子童年、少年階段的立志。它比其他所有教育和培養都更重要，也更不可彌補。與此同時，家長還要注意一個問題：不要在孩子建立理想的初期，給孩子太多的壓力和警示，這樣很容易打擊孩子的積極性，讓孩子輕易放棄自己的理想。正確的做法是，鼓勵孩子樹立理想，並為理想而努力。

中國南北朝時期，科學家祖沖之小時候經常受到父親的責罵。

祖沖之的父親祖朔之是一位小官員，他望子成龍心切，總是希望祖沖之出人頭地。祖沖之不到 9 歲，父親就逼迫祖沖之去背誦深奧難懂的《論語》。兩個月過去了，祖沖之只會背誦十幾行，父親氣得把書摔在地上，怒氣沖沖地罵道：「你真是一個大笨蛋啊！」

幾天後，父親又把祖沖之叫來，對他說：「你要用心讀經書，將來就可以做大官；不然，就沒有出息。現在，我再教你，你再不努力，就絕不饒你。」

但是，祖沖之卻非常不喜歡讀經書。他對父親說：「這經書我是說什麼也不讀了。」

父親聽了祖沖之的話，氣得伸手打了他兩巴掌。祖沖之就嚎啕大哭了起來。

這時，祖沖之的祖父來了，當他得知事情的真相後，對祖沖之的父親說：「如果祖家真是出了笨蛋，你狠狠打他一頓，就會變聰明嗎？孩子是打不聰明的，只會越打越笨。」接著，祖父責備祖沖之的父親：「經常打孩子，不僅無法發揮任何好的作用，而且還會使孩子變得粗野無禮。」

祖朔之無奈地說：「我也是為他好啊！他不讀經書，這樣下去，有什麼出息？」

「經書讀得多就有出息，讀得少就沒有出息？我看不一定吧！有人滿肚子經書，只會之乎者也，卻什麼事也不會做！」祖沖之的祖父責備道。

「他不讀經書怎麼辦？」

「不能硬趕鴨子上架。做父母的，首先要明白孩子的理想和追求，不要阻撓，加以引導，孩子才可能成才。」

聽了祖沖之祖父的話，祖朔之同意不再把祖沖之關在書房裡念書，還讓祖沖之跟著祖父到建築工地上去開開眼界，長長見識。

祖沖之不用再讀經書了，他感到非常高興。

有一次，祖沖之對祖父說，他對天文感興趣，將來想做個天文學家，祖父對祖沖之說：「孩子，我支持你。正好，我們家裡的天文曆法書多得很，我找幾本你先看一看，不懂的地方就問我。」

就這樣，祖沖之在祖父的支持下，開始研究天文曆法，父親祖朔之也改變了對兒子的看法。從此，父親不再叫祖沖之讀經書了，祖沖之對天文曆法也越來越有興趣。後來，他成了一名科學家。

對孩子的理想，家長應給予支持和引導，並要充分考慮孩子的心理準備和接受能力。

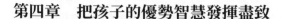

總之，理想，意味著對未來的憧憬與嚮往，它猶如火炬照亮了人生的道路，指明了人們成長的方向。家長引導孩子樹立人生的理想與追求，有著重要而又特殊的意義。一位詩人說過：「理想是石，敲出星星之火；理想是火，點燃希望之燈；理想是燈，照亮夜行之路；理想是路，引你走向黎明。」

▍教孩子進行積極的自我暗示

美國作家歐·亨利的名篇〈最後一片葉子〉，敘述了兩個年輕的女畫家到華盛頓去寫生，其中一個叫瓊西的得了肺炎，她躺在旅館的床上，忽然注意到窗外常春藤上的最後一片葉子，從此便認定這片葉子是她生命的象徵，葉子一落，她就要死了。有一天晚上，暴風雨突然來臨，她想那片葉子一定保不住了，於是哭得很傷心。但是，第二天拉開窗戶一看，那片葉子依然如故。於是，她十分高興，病也暫時有所好轉。其實，那片葉子本來已經被吹落。她看到的那片葉子是一位老畫家為她畫在牆上的。這個故事只是小說中的一段情節，不是真實的病例。它對科學知識作了藝術的誇張。但我們仍然可以從中得到啟示：人們對自身的感覺、自身的信念，如果無條件加以接受，就具有自我暗示的作用，就會影響人的心理和生理，而且對疾病的治癒也有重大的影響。

在心理學上，自我暗示指透過主觀想像某種特殊的人與事物的存在來進行自我刺激，達到改變行為和主觀經驗的目的。

消極的自我暗示可誤導個人的判斷和自信，使人生活在幻覺當中無法自拔，並做出脫離實際的事情來。消極的自我暗示還可使人對外界事物的認知形成某種慣性思維的作用，使其在為人處世時偏聽誤信，憑直覺辦事。積極的自我暗示又稱自我肯定，是對某種事物有力、積極的敘述，這是一種使我們正在想像的事物堅定和持久的表達方式。進行積極的自我暗示練習，能讓

我們開始用一些更積極的想法和概念來替代陳舊的、否定的思維模式。這是一種強而有力的技巧，一種能在短時間內改變我們對生活的態度和期望的技巧。

所以，家長應教會孩子進行積極的自我暗示。

在第 22 屆奧運會上，日本運動員具志堅每次比賽出場前，總要緊閉雙目，口中唸唸有詞。男子體操決賽中，美國體操明星麥克唐納、康納斯等選手相繼出現失手，唯獨具志堅一路發揮正常，最後奪得全能冠軍。比賽結束後，有記者問他，上場前口中默唸的是什麼？具志堅笑而不答。一時間，具志堅的「咒語」成了許多人關注的謎。其實，具志堅默唸的內容無甚要緊，即使他祈禱上帝，未見得上帝真會保佑他，重要的是，他的這種「默唸」發揮了積極的自我暗示作用。

積極的自我暗示是一種常用的心理調整方法，具有下列心理效應：

➤ **鎮定作用**：人的心理十分複雜，經常會受到外界情境的影響。尤其是在對抗、競爭的條件下，對手創造了好成績或工作搶先你了，會造成你的內心緊張。本來你完全有實力超過他，但因為心理上的緊張，反而束縛了你的潛能的發揮。這時，積極的自我暗示就能發揮排除雜念、穩定情緒的作用。

➤ **集中作用**：這和鎮定作用密切相關。一件事情，尤其是具有一定難度的事情的成功，總是離不開注意力的高度集中。缺乏心理訓練的人，常常是到了注意力應該高度集中的時候，卻出現心猿意馬的情況。怎麼辦？學會積極的自我暗示，或許能減少你的苦惱。

➤ **提醒作用**：一位大文豪說，當你想和別人吵架，並準備好某些詞語時，請你在嘴裡默唸：「我一定不要讓這些話說出口！」只要這樣做，大多情況下是吵不起來的，這也是一種自我暗示的方法，它可以提醒人們不

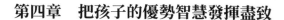

去做某種事情。另外，當你準備做某件事情，而出現心理障礙如膽怯、緊張時，自我暗示也能產生正面強化的作用。

總之，積極的自我暗示的用處很多，範圍也很廣，只是剛開始時，往往效果不明顯。這不奇怪。人的心理調整不是一蹴而就的，要把原有的心理活動納入自己所期望的軌道，需要具有心理約束力。萬事起頭難，效果也有一個由小到大的過程。只要我們持之以恆，不以途遠而怯之，不以效微而廢之，日久天長，積極的自我暗示一定能成為我們進行心理調整的得力助手。

內向的孩子遇到挫折和困難時，更容易感到信心不足，這時，家長不妨讓孩子進行積極的自我暗示，幫助孩子樹立戰勝困難的信心。家長可以參照以下幾種有效的自我暗示方法：

➤ **善於發現並放大優點進行暗示**：每個人都有優點，說自己沒優點的人只是缺少發現而已。有些內向孩子之所以容易產生自卑感，往往與他們看不到或者忽視自己的優點，只看到自己的缺陷有關。身為這類孩子的家長，不但要設法讓孩子發現自身的優點，還要設法去擴大這些優點。

➤ **教會孩子使用積極、肯定的語氣**：用於自我激勵、自我暗示的話語，要有積極、肯定的意義。如「我是獨一無二的，我對自己充滿信心。」當孩子遇到困難或挫折時，不妨讓孩子學會說：「我一定能克服這些困難！我一定會成功的！」或者讓他們自問：「別人都能做到，我為什麼做不到呢？」如果懷著志在必得的心理去從事要做的事，事先不過多地體驗失敗的情緒，就會讓孩子信心十足。當然，只有肯定的語氣和積極的自我暗示是遠遠不夠的，還需要為之付出努力和行動。

➤ **當自己的啦啦隊**：引導孩子自己做自己的啦啦隊，時時刻刻為自己搖旗、加油、吶喊，以便給自己積極的心理暗示。每天讓孩子告訴自己一

次：「我真的很棒。」讓孩子在自己每一次表現出色時告訴自己：「我真的很優秀，確實是這樣！」每晚入睡前，想一想今天發生了什麼值得自豪的事情：考試取得了好成績嗎？幫助他人了嗎？有什麼事情做得很成功，甚至超出了自己的期望值？自己被獎賞了嗎？事實上，只要仔細觀察做好總結，每個人每天都可以找到一件或幾件成功的事情。引導孩子像這樣堅持下去，慢慢的，你就會發現孩子越來越有自信，孩子的笑容越來越陽光，越來越燦爛。

➤ **將消極暗示轉化成積極暗示**：積極的暗示產生積極的心態，消極的暗示產生消極的心態。讓孩子自己避免運用消極的暗示具有可行性，但是卻無法避免別人對孩子進行消極暗示。遇到這種情況，就得讓孩子學會運用轉移暗示，將別人對他的消極暗示，轉化為積極暗示了。

▎孩子需要學會自我欣賞

內向的孩子往往受「內向」特質的影響，容易忽視自己的優點和長處，並且傾向於拿別人的優勢和長處來對比自己的缺點。因此，這類孩子的家長應該讓孩子意識到自己的優點和長處，並積極培養他們的自我欣賞能力。

華裔女星葉璇9歲那年，從沒被人賞識的她學會了自我欣賞。她說：「在被人瞧不起的時候，自己應該瞧得起自己。我不比任何一個孩子差，每天都爭取讓老師表揚我。」每一件事情她都認真去學，不但學業成績全班第一，還被評為三好學生。

葉璇11歲那年，被父親接到美國。做生意的父親那時已經移民到了美國。葉璇心裡很激動，她想，父親應該已經有了自己的愛人，而她也將會有自己的妹妹或者弟弟了。父親的公寓是寬廣的，有車庫，家裡還有保母，漂亮的觀景平臺讓葉璇驚詫不已。但是，她看到的卻是父親那張陌生的臉。父

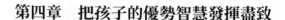

親撫摸著她的臉蛋說：「爸爸要妳來美國，是想讓妳接受更好的教育，知道嗎？」葉璿驕傲地從書包裡拿出獎狀，她要讓父親知道她是最好的孩子。父親嚴屬的目光開始變得柔和起來，原來女兒是那麼優秀！

後來，葉璿終於見到了繼母，繼母很隨和，她對葉璿講的第一句話是：「妳這麼美麗，尤其是妳身上所蘊涵的東方美女的魅力，不去選美真是太可惜了。」「我對此沒有興趣，那有什麼有趣的？」葉璿從來沒有打算參加選美，雖然她一直是善於自我欣賞的，但她也認為自己不是什麼選美的料。於是繼母微笑著對葉璿說：「每個孩子都有自己的夢想，妳不願意為自己的夢想而付出嗎？上帝從來沒有放棄過任何一個蘋果，既然連上帝都不願放棄，我們怎麼能夠放棄自己的夢想呢？」

後來，葉璿在繼母的鼓勵下，參加了比賽，並獲得亞裔小姐冠軍。之後，葉璿簽約 TVB，進入娛樂圈，成為了一名藝人。她一邊讀大學，一邊工作。葉璿入行接拍的第一部戲是《封神榜》，接著她又拍了《美麗人生》、《一網情深》等十多部戲，很快她便成為無線電臺的當紅小花旦。

繼母的肯定以及葉璿對自己的欣賞，使葉璿邁向了成功。這是一個多麼偉大的母親，她把珍貴的「自我欣賞」教給了女兒，使女兒變得越來越優秀。

由此可見，教孩子以自我欣賞的眼光發現自己的與眾不同，使孩子意識到自己的優秀之處，是很重要的，也是很有必要的。

那麼，身為家長，在引導、培養孩子的自我欣賞能力方面，應該怎麼做呢？

第一，建立賞識教育的理念。有一位教育家說：「教育孩子的全部祕密在於相信孩子和解放孩子。相信孩子，解放孩子，首先要賞識孩子。」善於賞識孩子的家長，在教育孩子的過程中，往往能夠取得事半功倍的效果。善

於賞識孩子的家長，總是著眼於孩子的優點和每一次的進步，他們能夠客觀評價孩子的微小的努力和點滴的進步，並能夠不斷地鼓勵孩子充滿信心，繼續努力，同時，對於孩子出現的失誤，賞識型家長能夠以寬容、理解的心情對待，並提醒孩子減少失誤，取得更好的成績。

第二，不要用成人的標準衡量孩子。常言道，在廢墟中發掘瓦礫誰都能做到，但是能在廢墟中發掘金子卻需要有一雙慧眼。要識別孩子的優點和成績，首先要學會如何看待孩子的成就。世界上沒有只有優點沒有缺點或只有缺點沒有優點的人，孩子也不例外。家長找不到孩子優點的原因，往往是因為家長衡量孩子行為的標準太高了，如果用成年人成熟的思維和豐富的經驗作為標準，衡量思維還沒有發育成熟，知識、經驗和能力都還很匱乏的孩子，孩子的行為一定不會符合家長的要求和期望，家長就很難看到孩子的優點和成績。

第三，不把孩子與其他孩子做比較。家長不能總是拿自己孩子的短處與其他孩子的長處相比較，這種比較會使家長看不到孩子的長處，而且也會傷害孩子的自尊。

第四，讓孩子了解自己的特長。當孩子感受到自己的出色才能時，他就會明顯地提高自己的學習興趣。所以，家長要讓孩子知道自己的特長，這能提高他的自尊心和自信心。小蕾原來是個很內向、害羞的女孩子，在學校裡很少有突出的表現。在一次美術課上，老師無意中誇獎了她的繪畫色彩以後，她在美術上的表現就日漸進步。去年夏天，她的作品在電視臺得到展覽的機會，展覽後她的作品還被幾家報刊採用。現在的小蕾，看起來比往日更有精神，做事也很有熱情。

第五，為孩子設立探索團體。針對內向孩子由於心思過於細膩、敏感，易加倍放大自己的缺點，忽視自身優點的特質，家長可以為孩子設立一個探

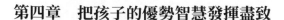

索團體，讓其正確、客觀地了解自己，家長可以邀請一些和孩子同齡的小朋友或者其他同學來自己家做客，讓他們痛痛快快地玩耍，增加對彼此的了解。在適當的時機，家長可安排一個小遊戲：讓孩子輪流擔任主角，讓其他孩子點評他的優點。之後，再讓孩子將「小朋友眼中的我、我眼中的我」等內容進行口頭總結。透過遊戲這種輕鬆愉快的形式，讓孩子認識到小朋友眼中的「我」。這個遊戲有助於孩子在欣賞同伴優點的同時，產生向同伴學習的願望，也可以體驗到別人對自己的評價，能以積極的態度看待自己，進一步認識自我、了解自我，樹立自信心。與此同時，還能讓不善交際的內向孩子嘗試著與同伴交談、溝通，這也可增強孩子的語言表達能力和傾聽能力。

第六，避免孩子自我欣賞的過分膨脹。有位媽媽說：「我有一個快要上國小的兒子，也許是我們總是用欣賞的態度誇獎他、信任他的緣故，現在他已經長大了，懂事了，可卻無法正確看待自己，還很自以為是、自我欣賞。比如：小時候他畫了個車，大致有點像，我們會說：不錯，滿像的。現在他依然沒有什麼進展，我們說不像，他卻說：「你們懂什麼？就是這樣的！」「我現在真的有點悔不當初。」這位家長就陷入了教育孩子的迷茫中。家長朋友們要避免重蹈這位媽媽教育孩子問題上的覆轍，別讓孩子自我欣賞的心理過分膨脹。

讓孩子的 EQ 更高一些

今天，人與人的競爭，不再僅僅是智商的競爭，更重要的是 EQ 的競爭。EQ 高，則意味著善於調節自己的情感，善於保持良好的人際關係，善於敏銳地察覺他人內心微妙的變化。EQ 較高的人，往往更容易得到周圍人的幫助。因此，一個有責任心的家長，一個有遠見卓識的長輩，在關心孩子智商教育的同時，更要關心孩子 EQ 的培養。這也是把孩子的優勢智慧發揮盡致

的具體表現。

EQ，也稱為情緒智商，是指情緒智慧的高低。它包含著豐富的內容，可概括為五個方面：一是了解自身的情緒；二是管理自我、調控自我的情緒；三是自我激勵；四是認知他人的情緒；五是善於協調人際關係。孩子的創造力，察覺、掌控自己情緒的能力，與周圍人相處的能力，都與之相關。

EQ 是相對於智商而言的，智商是一種綜合性的認知能力，其基本構成要素為注意力、觀察力、記憶力、想像力和思維能力，其中思維能力是智力的核心，智商是對一個人的智力因素的測定。也就是說，它主要表現人的理性的能力。智商的高低反映著智力水準的高低。EQ 用以描述一個人對自己和對他人的情緒的認知和控制能力，被譽為除智商以外，人的另一個生命科學的參照元素。如果說智商分數更多地被用來預測一個人的認知能力和學業成就，那麼 EQ 分數就是指一個人的感受、理解、控制、運用和表達自己以及他人情感能力的總和。EQ 代表了人的情感智力水準，EQ 的高低反映著情感特質的差異，它對於人的成功產生著比智商更加重要的作用。如果一個人性格孤僻、怪異、不易合作；自卑、脆弱，無法面對挫折；急躁、固執、自負，情緒不穩定，他智商再高也很難有所成就。

一個人 EQ 的高低不是與生俱來的，而是經過後天的培養與訓練來完善的，是在後天的環境與教育中逐步得到發展和提高的。幼兒時期是培養孩子各種能力的關鍵時期，對於孩子來說，EQ 教育的最佳培養時期，是從零歲開始的。正如兒童教育學家丹尼爾·戈爾曼強調說，人開始形成 EQ 是極早的，零歲時嬰兒已經開始感受和學習，進而在整個童年期逐漸形成。孩子腦部的發育在 0 ～ 6 歲之間發育最快，在這一時期，孩子的各種能力，尤其是在情感方面的學習能力最強，孩子在 6 歲以前的情感體驗對人的一生具有恆久的影響。

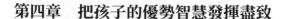

只要從小培養孩子的 EQ 能力，家長就不會為孩子的 EQ 低、不善與人相處、不懂得處理自己的情緒等成長問題傷腦筋了。那麼，在日常生活中，家長應如何培養孩子的 EQ 呢？

第一，家長應充分了解高 EQ 孩子具備的特點。要培養一個高 EQ 的孩子，家長首先要做的就是了解高 EQ 孩子的特點，只有了解了高 EQ 孩子所具備的特點，才能針對孩子的不足，更好地對症下藥，以恰當的教育方式來培養孩子的 EQ。

第二，家長應該為孩子營造良好的家庭氛圍。人的 EQ 離不開後天環境的影響，尤其是家長所營造的家庭生活氛圍。如果一個家庭的環境氛圍和諧、民主，孩子較容易自我認知和表達自己的情緒，也更容易形成調控情緒的能力；相反，如果一個家庭充滿了壓抑、猜疑、緊張或者冷漠的氣氛，孩子也往往容易形成怯懦、孤僻或者具有攻擊性的人格特徵，在生活中容易陷入不良情緒而難以自拔，也很難和別人建立和諧穩定的人際關係。

第三，家長自身要用良好的個性影響孩子。每個孩子對情緒的認知和處理情感的能力都有所不同，而這種能力大部分都是從家長那裡學來的，可以說，家長的一言一行、一舉一動，都對孩子產生著潛移默化的影響。如果孩子的家長內向寡言、憂鬱怯懦，或者脾氣暴躁，不善於控制自己，孩子很可能也是一樣；相反，如果家長的個性豁達開朗，心態樂觀積極，孩子很可能也活潑友善，積極上進。

第四，培養孩子的自我認知能力與自立意識。自我認知是孩子認識自己的關鍵，對於孩子來說，只有在真正意義上認識了自己，才能自尊、自強、自信、自愛，並且做到自立。一個缺乏自我認知能力的孩子，是很難培養出自信心與責任心的，更難做到自強自立。

第五，讓孩子學會處理、控制自身的情緒。情緒是 EQ 培養的關鍵。一

個人擁有良好的情緒控制力，就可以應對生活中出現的無數挫折、困難以及種種變數，保持平和的心態，塑造健康的心理。父母要告訴孩子，生活是充滿挫折的，要理智地對待各種使人興奮、激動、氣憤、懊惱的情況，要學會克制，能夠有節制和適度地表露自己的情緒，要善於從情感的旋渦中擺脫出來，不要長時間處於大喜大悲和憂傷之中，不要憑一時的情緒和衝動辦事，更不要動輒遷怒於人。

第六，從小訓練孩子堅強的意志力。當今社會競爭的激烈程度使得人的生存壓力越來越大，從小培養孩子應對挫折和困難的意志力是一項必須實施的課題。孩子只有從做好應對壓力和失敗的準備，才能戰勝自我，走出困境。

第七，培養孩子的社交能力。社交能力是 EQ 的一個重要方面，培養孩子的社交能力是孩子獲取幸福和成功的助推器。然而，目前孩子的社交能力欠缺是一個普遍存在的現象。家長一定要從小引導孩子學習社交技能，幫助他們建立健康的交際心理和人脈資源，教給孩子基本的社交禮儀，讓孩子能和不同性格的孩子打交道。同時還要加強孩子的防範意識，教給他們識別「好人」、「壞人」的能力。

▌為孩子搭建寬廣的舞臺

美國心理學家戴爾說：「孩子需要一定的空間去成長，去測試自己的能力，去學會如何對付危險的局勢。」所以，身為家長，不要為孩子做他自己應該做的事。不然，就等於剝奪了孩子發展自己能力的機會，剝奪了孩子自立自強的機會。家長應該努力為孩子搭建寬廣的舞臺，讓孩子自由地發揮自己的才能。

袁程曼上國小五年級了。開學沒多久，班上要競選班級幹部，袁程曼決定「秀」一把自己。

第四章　把孩子的優勢智慧發揮盡致

　　競選開始了，根據民主推薦的辦法，班導師在黑板上記下候選人的名字，當看到還沒有人推薦自己時，袁程曼急了，她把手舉得高高的。班導師問她推薦誰時，她說推薦自己。班導師在大為驚訝的同時，也給予了她很多表揚。這樣一來，班上的氣氛就更加活躍了起來。受到鼓舞，很多小朋友也毛遂自薦起來。袁程曼競選的是班長的職務，她第一個衝上講臺，臨場發表了一番很具有鼓動性的演講。投票時，她投了自己一票，還振振有辭地說：「如果自己不投自己，差了一票怎麼辦？」

　　結果，袁程曼獲得了競選的成功。這也為她後來競選學校活動大隊長累積了信心和經驗。而擔任學生幹部的經歷，使袁程曼的處事能力也得到了鍛鍊。

　　說起自己當初的表現，袁程曼坦誠地說，是爸媽教她這樣做的。原來，她爸媽在家裡經常給她灌輸諸如「是金子，就要發光」、「該出手時就出手」、「關鍵時表演一點絕活」的思想，這讓袁程曼從小就學會了大膽表現自己。

　　誠然，每個孩子都有表現欲，只是強弱不同而已。面對孩子的表現欲，家長應該為孩子提供施展、表現的機會，從而讓孩子在滿足感中快樂健康地成長。

　　可是，在生活中，不少家長出於對孩子的愛，什麼事都恨不得幫孩子做好，以致不敢大膽放手讓孩子自己去做。

　　尤其是隨著家庭物質生活條件逐漸優裕，家長對獨生子女寵愛、偏愛、溺愛的風氣有逐漸擴大的趨勢，家長們正在有意或無意之中扮演著「保母」的角色。而缺乏動手能力的孩子，過分依賴家長，沒有獨立的精神，當他離開家長後，就會感到手足無措，缺乏主見，不會積極行動，不敢負責任，性格懦弱，這些都會變成孩子將來事業成功的一大障礙，對他們的生活也會造

成不良的影響。

在美洲遼闊的草原上，生活著一種鵰鷹，牠有著「飛行之王」的美譽。牠飛行的時間之長、速度之快、動作之敏捷，堪稱鷹中之最。被牠發現的小動物，一般都難逃脫牠的捕捉。但誰能想到那壯麗的飛翔後面卻蘊含著血淋淋的悲壯。

當一隻幼鷹出生後，沒享受幾天舒服的日子，就要經受母親近似殘酷的訓練。在母鷹的幫助下，幼鷹沒多久就能獨自飛翔，但這只是第一步，因為這種飛翔只比爬行好一點。幼鷹需要成百上千次的訓練，否則就無法獲得母鷹口中的食物。第二步，母鷹把幼鷹帶到高處或懸崖上，讓牠們摔下去，有的幼鷹因膽怯而被母鷹活活摔死。但母鷹不會因此而停止對牠們的訓練，母鷹深知，不經過這樣的訓練，幼鷹就無法翱翔藍天，即使能，也會因為捕捉不到食物而餓死。第三步則充滿著殘酷和恐怖，那被母鷹推下懸崖而能展翅飛翔的幼鷹將面臨最後也是最關鍵、最艱難的考驗：因為牠們那正在成長的翅膀會被母鷹殘忍地折斷大部分骨骼，然後被再次從高處推下。有很多幼鷹就是在這時成為悲壯的祭品，但母鷹同樣不會停止這「血淋淋」的訓練。

有些獵人動了惻隱之心，偷偷地把一些還沒來得及被母鷹折斷翅膀的幼鷹帶回家餵養。可後來獵人發現，被自己餵養長大的鵰鷹最多只能飛到跟房子差不多高便會落下來，那兩米多長的翅膀反而成了累贅。

原來，母鷹殘忍地折斷幼鷹翅膀中的大部分骨骼，是決定幼鷹未來能否在廣闊的天空中自由翱翔的關鍵所在。鵰鷹翅膀骨骼的再生能力很強，只要在被折斷後仍能忍著劇痛不停地展翅飛翔，使翅膀不斷地充血，不久便能痊癒，而痊癒後的翅膀則似神話中的鳳凰一樣死後重生，將長得更加強健有力。如果不這樣，鵰鷹就失去了這僅有的一個機會，牠也就永遠與藍天無緣了。

第四章　把孩子的優勢智慧發揮盡致

　　當然，放手讓孩子自己去做，孩子在此過程中必然會遇到各種困難和挫折，這時，家長大可不必驚惶失措，這也正是考驗孩子的大好時機，困難和挫折會讓孩子懂得：沒有百折不撓的毅力，沒有堅韌不拔的精神，沒有戰勝困難的信心和勇氣，是不可能獲得成功的，而一個人奮鬥目標的高低，是與可能遇到的挫折的大小成正比的。古往今來，成大事的英雄豪傑，無一不是在挫折中一再奮起、在驚濤駭浪中一生搏擊的人，「玉經琢磨多成器，劍拔沉埋便倚天」，正是挫折和艱難的磨練，使他們具備了堅韌不拔的意志，從而成就了偉業。

　　一位偉人曾經說過：「教育者的任務不在於交給下一代一個完整的世界，而在於引導並幫助他們用智慧和力量去創造新的世界。」家長們，請放心地讓孩子去「表演」吧！為他們搭建表演的舞臺，實際上就是為他們搭建人生的成功之路。

第五章
誇獎是內向孩子的維他命

可以說，沒有賞識就沒有成長。人性中最本質的需求就是渴望得到尊重和欣賞，就精神層面而言，每個孩子都希望得到別人的賞識。尤其是對於那些性格內向的孩子來說，家長更應該本著一顆平常心去欣賞他、讚美他、信任他，肯定他的每一點進步，努力挖掘他身上的那些看似微不足道的亮點。只有這樣，孩子才能在人生的道路上越走越有自信，逐步邁向成功。

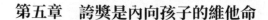

▎每個孩子都渴望被賞識

賞識教育是一種成功的教育理念，能讓孩子感到快樂，讓孩子對自己充滿信心。

如今，賞識教育作為一種全新的教育理念，越來越多地被人們所熟識，也被越來越多的教育者，尤其是家長所接受。

一位心理學家到一所國中做調查，他讓每個學生說出自己的優點。想不到誰也說不出來。這位心理學家以為孩子是不好意思說。再三啟發動員，孩子們還是說不出。當然孩子不可能沒有優點。心理學家換了一種做法，讓同學們互相說他人的優點，果然就說出了不少條，問被評價的同學，大體上也能得到認可。為什麼他們自己說不出來呢？這位心理學家找個別同學了解，他們說，平常聽見家長說的話都是：「你怎麼這麼笨？」「連這個都不會？」「你看某某的孩子做得多好！」「我小的時候比你強多了！」還有一些更難聽的話。很少或者基本上沒有聽到過家長說孩子有什麼優點。在一片責怪、不滿之聲中，久而久之，孩子也就想不到自己還有什麼優點了。

賞識導致成功，抱怨導致失敗。賞識往往使孩子變得越來越好；抱怨往往使孩子變得越來越壞。

可以說，沒有賞識就沒有成長。人性中最本質的需求就是渴望得到尊重和欣賞，就精神層面而言，每個孩子都希望得到別人的賞識。

賞識教育是愛的教育，是充滿人情味、富有生命力的教育。

賞識教育的特點是注重孩子的優點和長處，讓孩子在「我是好孩子」的心態中覺醒；而抱怨教育的特點是注重孩子的弱點和短處，使孩子自暴自棄，在「我是壞孩子」的意念中沉淪。

可見，賞識對於成長中的孩子來說是多麼的重要。賞識教育的作用有如下幾點：

➤ **維護孩子的自尊心**：透過賞識教育，可以維護孩子的自尊心，建立良好的親子、師生關係，保護孩子的上進心。例如，孩子做錯事或者學業成績不好時，往往心理壓力較大，自卑、自責、不知所措。這時，他所需要的是幫助、安慰。首先，家長不能讓孩子洩氣，要鼓勵孩子，讓他感覺到家長和老師對他的能力和水準深信不疑。其次，要讓孩子知道人生的道路不可能一帆風順，失敗是常有的。最後，幫助孩子分析原因，克服困難。這不僅能讓教育發揮事半功倍的作用，還能讓孩子對家長和老師充滿信任，把他們當做知心朋友，同時能激勵孩子更加珍惜機會，奮發向上。

➤ **增強孩子的自信心**：家長或學校透過賞識教育可以幫助孩子克服自卑和怯懦，增強自信心。國外某市教育部門曾對幾所幼稚園共 280 名大班孩子進行自我評價的調查，有 40% 的孩子對自己做出「很蠢」、「很差」等消極評價。這顯示自卑心理在孩子中存在的比例還是比較高的。如果不注意調控，這些兒童將變得孤僻、沒有主見、缺乏自信。因為在兒童時期，孩子自我意識的產生主要是透過家長和老師對他的評價，從某種意義上講，孩子的自信心是家長和老師建立的，尤其是當孩子取得了成功或在原有基礎上有了進步時，要及時予以肯定和強化，使孩子感到「我可以」。孩子有了自信心，就會願意再接受新的挑戰。

➤ **增進孩子的心理健康**：家庭或學校透過賞識教育，可以幫助孩子維護自尊，學會自愛，減少孩子的攻擊性行為。對做了錯事或學業成績不好的孩子，家長往往會大聲指責：「你從小不學好，長大了是進監獄的料。」「天底下還有比你更笨的孩子嗎？」正是這些否定性的言語，讓孩子喪失了信心，不再努力。有些孩子因為被傷害了自尊心，致使其反叛、攻擊性行為增多。孩子的攻擊性行為往往是在受到指責和冷落後得不到

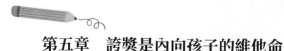

第五章 誇獎是內向孩子的維他命

應有的尊重和信任，而產生的叛逆心理。其實，每個孩子在成長過程中都會出現一些問題，只是有些家長比較明智。他們相信孩子是好孩子，相信孩子是聰明的，永遠鼓勵孩子，從不挖苦孩子。譬如，當孩子闖了禍時，家長會說：「你是好孩子，想想看是什麼原因做了錯事？」當孩子考試成績很差時，這些家長會說：「你是個聰明的孩子，為什麼考得這麼糟？我們找找原因，一定會趕上來的。」有這樣明智寬容的家長，孩子一般不會出現心理問題。

➤ **讓孩子體驗到成功的喜悅**：成功體驗是人對生活、學習產生自信的最佳營養劑，是人的一種自我賞識。在教育中，這種賞識足以讓孩子感到成功的喜悅，消除那種「反正怎麼做都一樣」的思想，從而改變學習態度，以更好的心態去完成自己喜歡做的或能做的事情。

➤ **培養孩子的獨立性和受挫力**：賞識教育能培養孩子的獨立性和受挫力。賞識教育是不怕失敗的教育，家長要勇於放手，讓孩子在生活中得到磨礪，給其勇氣、鼓勵，使其在失敗中吸取教訓，並頑強地站起來，這一次次的嘗試，無形中發展了孩子的獨立性、承受力，使孩子能在失敗中善於總結、分析，而不是在失敗中倒下。

總之，「賞識」是一門學問、一種藝術、一項技巧。孩子微小的努力，點滴的進步，不太明顯的優點，不大起眼的長處，都需要引起我們足夠的注意和重視。捕捉賞識孩子的每一個時機，用恰當的言語和方式表現你對孩子的賞識，是每一位「望子成龍」的家長的必修課。賞識孩子應該展現在你的一言一行、一舉一動中，更應該展現在親子教育的每一個場景和細節中。

▌指責孩子不如讚美孩子

沒有種不好的莊稼，只有不會種莊稼的農民；沒有教不好的孩子，只有不會教的父母！農民怎樣對待莊稼，決定了莊稼的命運，家長怎樣對待孩子，決定了孩子的一生！農民希望莊稼快快成長的心情和家長希望孩子早日成才的心情完全一樣，但做法卻截然不同：莊稼長勢不好時，農民從未埋怨莊稼，相反總是從自己身上找原因；而孩子課業不好時，家長卻更多的是抱怨和指責，很少反思自己的過錯。

為什麼會這樣呢？那是因為許多家長錯誤地認為，孩子需要的是教育，而教育更多的是訓導、指教和糾正。為了達到他們所謂的「教育目的」，這些家長在與孩子交流時，總愛指出孩子的種種缺點：讀書不認真，沒有耐心，太粗心，做題粗心，成績總上不去，不肯聽父母的話……在他們看來，唯有「糾正」孩子才能變得更好，而事實上，過多的「糾正」與「指責」，只會讓孩子變得越來越「壞」。

甘淑嬡今年剛 5 歲，前些日子，媽媽發現甘淑嬡的樂感很好，所以就幫甘淑嬡報了個鋼琴班，學鋼琴。可是，剛練了一些日子，甘淑嬡就開始鬧彆扭了，說是不想學了。這讓甘淑嬡的媽媽很苦惱。

為什麼原本對音樂感興趣的甘淑嬡突然就對學鋼琴失去了興趣呢？

原來，媽媽認為，在剛開始練琴的時候，孩子的姿勢和手形非常重要，一定要從小就培養好。但甘淑嬡每次都會出錯，不太注意姿勢和手形。於是，在甘淑嬡練習鋼琴的時候，媽媽就會在旁邊監督，一發現甘淑嬡的手形不對，就馬上用一根小棍挑起她的手腕，大聲訓斥她：「跟妳說過多少次了，手形不對，妳怎麼總是出錯啊？」

這樣，一而再，再而三，甘淑嬡變得煩躁而膽怯了，有一天，她哭著對媽媽說：「媽媽，我討厭學鋼琴，我不學了！」說完就跑進奶奶的房間，躲進

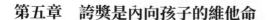

奶奶的懷裡。

　　以後，媽媽只要一說起鋼琴，甘淑嬡就會大哭大鬧，說什麼也不肯接近！倒是有那麼幾次，媽媽不在家的時候，甘淑嬡會偷偷地摸一摸鋼琴。

　　在生活中，像甘淑嬡媽媽這樣的家長並不在少數。望子成龍、望女成鳳的思想讓她們對孩子抱有極高的期望，她們希望自己的孩子什麼都好，什麼都比別人的孩子強，她們總是對孩子表現出來的一些優點視若無睹，對孩子的缺點卻是不依不饒。比如，當孩子回答問題時，對孩子答對的部分不在意，而對答錯的部分則非常敏感，甚至對孩子進行責罵。

　　在這些家長的觀念裡，孩子出現錯誤是無法被允許的。為了讓孩子能表現得「十全十美」，他們經常會在孩子學習一項新事物時，密切注視孩子的一舉一動，一旦發現有錯，立即十分著急地加以糾正，甚至訓斥、打罵孩子，非要讓孩子做到分毫不差才行。這種做法，嚴重地傷害了孩子稚嫩的自尊，挫傷了孩子學習的積極性，強化了孩子錯誤的行為，久而久之，孩子就產生了嚴重的自卑心理，認為自己沒有這方面的天賦與能力。這種做法甚至還可能影響孩子其他能力的發展，對孩子的成長有害無益。

　　其實，對孩子少一點指責，多一點寬容與讚美，多用長遠的眼光看待他們，讓孩子發揮出他們自身的潛能，為其日後的成才打下堅實的基礎，這才是每一位家長應當著力去做的事。在孩子犯錯時，另一位家長是這麼做的：

　　林文玲的作業寫得非常潦草，爸爸看見了，心裡雖然很生氣，但爸爸知道與其責罵林文玲一頓，不如激勵她。於是，他努力克制住了自己的衝動，態度和藹而認真地對林文玲說：「妳的作業太潦草，不符合要求，要重寫。我知道，要妳重寫妳是不太高興的。但我為什麼還要讓妳重寫呢？因為我相信，妳第二遍一定比第一遍寫的好得多。」孩子聽了父親語重心長的話語，剛開始有點不高興，但仔細一想，就深深體會到了嚴明而慈祥的父親的期望

和信任，這種無形的力量，促使她很快又重寫了一遍，而且正如父親所期望的那樣，寫得相當好。

如果林文玲的爸爸也像甘淑嬡的媽媽一樣，只把目光聚焦在孩子存在的不足上，揪住林文玲的「缺點」大肆責備，林文玲即便重寫了作業，其內心也是非常不開心的，這樣重寫出來的效果必定不好。這位爸爸的聰明就在於，他了解孩子的心理，深知孩子自尊的重要性。因此，他在責備孩子的時候，更多的是給予孩子激勵，讓孩子意識到自己的不足與潛在的能力，從而讓孩子認真改正了自己的錯誤。

陳曉雪是個活潑、可愛的小女孩，但就是太粗心了。寫作業的時候，不是字寫錯了，就是題目漏掉了，這讓她的爸爸、媽媽和老師非常頭痛。

有一天，陳曉雪又把題目抄錯了，老師把她叫到辦公室準備責備她。當老師看到陳曉雪的時候，突然轉變了自己原來的想法。老師笑眯眯地對陳曉雪說：「陳曉雪今天穿的衣服真好看，就像美麗的白天鵝一樣。」陳曉雪受寵若驚，她原本以為又要被責備一頓的，沒想到老師居然誇她。老師接著說：「我相信妳本身的潛能也像妳的人一樣，漂亮而富有影響力。」

陳曉雪又高興又害羞，她肯定地對老師說：「請老師相信我吧！」從那天開始，她就再也沒有出現過什麼錯誤。學業成績也蒸蒸日上。更難得的是，她與老師的交流也變得越來越順暢！

讚美的妙處在於，之後你的要求會因為讚美而變得更有效。因此，要想你的孩子接受你的建議，不如化指責為讚美，讓孩子既意識到自己的不足，又能欣欣然接受你的「責備」，使你的「教育」真正落到實處！

值得注意的是，多讚美少指責，不等於漠視孩子的缺點，明知道孩子有不足，還縱容孩子；當孩子犯了錯誤時，家長為了不傷孩子的「自尊」，索性什麼都不說；讓孩子隨性而為，這都是錯誤的教育方式。

▎發現並放大孩子的優點

丁俊暉是家喻戶曉的「神童」，他曾在斯諾克撞球公開賽上打敗了 7 屆世界冠軍得主亨德利。但是如果以普通家長的眼光來看，他不是個聰明的孩子，他學業成績不好，為了打撞球還荒廢了不少課業。

丁俊暉的父親是個撞球愛好者，一次和朋友玩撞球時，被對方領先一桿很棘手的斯諾克，父親束手無策。站在一邊不到十歲的丁俊暉卻主動要求替父親打。讓父親感到意外的是，小丁俊暉不僅解了對方所做的斯諾克，還一桿清盤，替父親贏了對方。

透過對丁俊暉的觀察，父親覺得孩子有這方面的潛能，為了培養孩子，一家人背井離鄉，還傾其所有送丁俊暉去英國練球。父親發現和放大了丁俊暉的優點，最終成就了丁俊暉的成功。

任何一個人，渴望被別人肯定的心理需求都大大超過被別人否定的心理需求。這個規律大多數家長都懂，也想多表揚孩子，但往往覺得找不到值得表揚的優點，這該怎麼辦呢？其實，方法很簡單，只要家長在日常生活中多留心，拿著放大鏡觀察，就總能發現孩子有進步的地方。

有一名著名教育專家在他舉行的「家庭教育報告會」上為現場的家長們安排了這樣一道「家庭作業」 ──「你今天回家去發現一個孩子的優點，能夠發現十個的，是優秀的家長，能夠發現五個的，是合格的家長，發現不了的，是不合格的家長。」他同時還指出：「成功家長與失敗家長的區別是，前者將孩子對的東西挑出來，把他的優點挑出來，而不明智的家長，一眼就看到孩子的缺點……人有八種智慧，而課業好的人，只是語言智慧和數學智慧較好，而不同人的優勢是不一樣的。只要家長用心觀察，就一定能夠發現孩子的優點。」

是的，只要家長用心觀察，就一定能夠發現孩子的優點。

從前，有個老員外，他的三個兒子都很笨，老員外很憂愁，擔心家產會敗在他們手裡。於是，他決定請當地很有名的老秀才來教他的三個兒子。

老秀才說：「我得考考你的三個兒子，通過考試我才能收下他們。」老員外心裡暗暗叫苦。

第一個上場的是大兒子。考試的內容是對對聯，老秀才出的上聯是：東邊一棵樹。大兒子急得頭上冒出了汗，也想不出該對個什麼下聯，嘴裡一個勁唸著：「東邊一棵樹，東邊一棵樹……」老員外在一旁直想發火。突然，老秀才說話了：「此孩子記性不錯，我只說了一句，他就記住了，可教也，我收下。」

第二個出場的是二兒子。老秀才出的還是那道題：東邊一棵樹。二兒子進考場之前已聽哥哥說過題目，張口就對：「西邊一棵樹。」氣得老員外目瞪口呆。老秀才說：「此子改了方向，以西對東，對得貼切，可教也，收了。」

最後是三兒子。老秀才仍然是那道題：東邊一棵樹。三兒子想了半天，也沒有想出好的下聯來，不由得大哭起來。老員外覺得他太丟臉了。誰知道，老秀才說道：「此子有羞恥心，可教也，收了。」老秀才收下老員外的三個兒子，並最終把他們教育成了有用之人。

這個故事告訴我們：任何一個孩子，不管他的天資再差，缺點再多，只要他有那麼一點點的優點，就是可教之才。身為家長，要善於發現並放大孩子的優點，讓孩子在自信中成長。有時，孩子犯了錯誤，家長難免會責備孩子，但是責備的方法如果不當，可能會影響孩子的一生。而如果家長善於找到孩子在錯誤中隱藏的優點，然後賞識孩子，不僅可以讓孩子充分意識到錯誤，而且還會繼續發揚其優點，從而養成良好的習慣。所以，面對「壞」孩

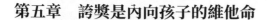

子，家長更需要竭力去找他們的亮點，哪怕是沙裡淘金，哪怕是微不足道，都需要出自真心地去讚揚、鼓勵和引導。

冰玲 8 歲的時候，有一次，她一個人在家把屋子整理得乾乾淨淨。媽媽回來後，忍不住讚嘆：「哇，是誰這麼勤勞，把家裡整理得這麼乾淨！」冰玲從房間跑出來。媽媽說：「原來是我的寶貝女兒啊，妳真是太了不起了！」媽媽發自內心的誇獎，讓冰玲從此愛上了做家事。

是的，家長應該努力發現並且放大孩子身上的優點，這是一種創新的家教方法，也是能有效地激勵孩子成長進步的方式。

那麼，家長應怎樣發現並放大孩子的優點呢？

➤ **不要總盯著孩子的缺點**：對於孩子來說，家長的話具有很大的權威性。家長不要整天把孩子的毛病、缺點掛在嘴上，不停地數落，更不能對孩子說結論性的話，比如說「笨蛋」、「你真的沒救了」等話。千百年來，我們的教育觀念，就是先找孩子的缺點，然後不斷地提醒、警告，讓他改掉缺點。總認為改正了缺點，孩子就進步了、提升了，沒缺點就完美了，完美了就傑出了。這個理論是不對的、不可取的。

➤ **用發展的眼光看待孩子**：不要把孩子看「死」了。只要細心觀察孩子，就會發現孩子有進步的地方。如可能是對問題的認知提高、分析問題能力增強，可能是某方面科學文化知識增加，可能是一次作業進步或者一次考試進步，可能是在做家事或公益活動方面表現較好，可能是文藝、體育取得好成績，可能是有什麼小發明、小作品等等。關鍵是要拿孩子的今天比昨天、比前天，而不是跟別的孩子比，哪怕發現一點微小的進步，也應及時肯定。千萬不要因認為不值得一提就把點滴進步漠視、忽略過去。應該想到「星星之火，可以燎原」，優點也是一步步發展起來的。

➤ **適當誇大孩子的進步**：孩子即使沒有進步，家長也應該尋找機會進行鼓勵。如果孩子確實有了進步，家長就應該及時誇獎他們「進步很多」。這樣一般都可以勾起孩子心中的積極因素，促使孩子期望自己取得更大的進步，這樣孩子就有可能取得更大的成績。

不要全盤否定犯錯的孩子

在現實生活中，很多家長面對犯錯的孩子，不是給予寬容與改過的機會，相反，他們總是全盤否定孩子，甚至使孩子產生了破罐破摔的心理。

其實，每個孩子都免不了會犯各種錯誤，而孩子正是在不斷犯錯、糾正錯誤的過程中成長起來的。所以說，重要的問題不在於孩子是否犯了錯，而在於家長採取何種態度讓孩子了解並糾正錯誤，善於在孩子的錯誤中發現優點，用賞識的態度去教育孩子糾正錯誤，比嚴肅的責備和打罵更有作用。

這是一組情景劇——

公車站牌下，一對母子正在等車。

一陣大風把媽媽的圍巾撩了起來，媽媽想用手按住圍巾，可是手裡還提著皮包，非常不方便。看到這個情形，小男孩主動對媽媽說：「媽媽，我幫妳拿包包吧！」媽媽猶豫了一下，還是把皮包遞給了小男孩，然後整理她的圍巾。

沒想到風更大了，小男孩一不小心，把皮包掉在了地上的水窪裡。小男孩馬上把皮包撿了起來，一臉的驚恐。

媽媽的臉色立刻變得非常難看，厲聲訓斥小男孩：「你怎麼連個皮包都拿不好啊？你看，包包都髒了，你叫我怎麼拿？你真笨……」

小男孩一聲不吭，眼淚卻嘩嘩地湧出來。

母親的訓斥一定傷透了孩子的心，以後再遇到這樣的情況，小男孩還會

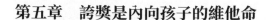

主動從媽媽的手裡接過皮包嗎？一定不會了！現在，讓我們來看另一個母親在面對同樣的事情時是如何處理的吧——

媽媽看到小男孩驚恐的表情，先從孩子的手中接過皮包，用紙巾擦乾淨，然後對孩子說：「沒事的，你看，皮包擦擦就乾淨了。」

「我不是故意的，媽媽妳不怪我吧？」孩子小聲地問。

「當然不怪你。你能主動幫媽媽拿皮包，說明你很有愛心，還樂於助人，真讓媽媽高興。」媽媽撫摸著小男孩的頭說。

「可是皮包掉在水窪裡了。」小男孩還是很後悔。

「我知道你不是故意的。每個人都有不小心的時候，媽媽也犯過這種錯誤，不過媽媽以後就特別注意了，相信你也會吸取教訓的！」

「嗯，我以後不會再犯這種錯誤了，我還想幫妳拿包，好嗎？」孩子說。

「好啊，媽媽相信你！」說完，媽媽又把皮包交給了小男孩。公車來了，母子倆高興地上了車。

中國著名教育家陶行知有一個教育學生的故事，希望會對家長有所幫助、啟發和借鑑。

他某天看到一名男生正想用磚頭砸同學，將其制止後，責令其到辦公室。他則留下來，簡單地了解了情況後回到辦公室，發現那名男生正在等他，便掏出一顆糖遞給他：「這是獎勵你的，因為你比我準時。」接著又掏出一顆糖：「這也是獎勵你的，我不讓你打人，你立刻就住手了，說明你很尊重我。」該男生將信將疑地接過糖，他又掏出一顆糖給他：「據了解，你打同學是因為他欺負女生，這說明你有正義感。」這時那名男生哭了：「校長，我錯了。同學再不對，我也不能採取這種方式。」他又掏出第四顆糖：「你已經認錯，再獎勵你一顆。我的糖分完了，我們的談話結束了。」

陶行知對學生的教育真可謂高明，學生在意識自己錯誤的同時，獲得了

肯定，他們的心裡，其實比吃下去的糖還甜美。受到如此啟發的孩子，必定會及時改正錯誤，做得更好。相反，如果孩子已經意識到並承認了自己的錯誤，家長還窮追不捨地責罰，這不僅會讓孩子產生叛逆心理，還會阻礙孩子的健康成長。

那麼，怎麼才能在錯誤中發現孩子的優點呢？家長不妨試試下面幾招：

- ➤ **正確對待孩子所犯的錯**：家長要擺正自己的心態，客觀對待孩子的優缺點，不要過於極端。因為孩子的某些缺點就把孩子看得一無是處，是對孩子無情的傷害，更是對孩子的不負責任。
- ➤ **因勢利導**：比如，有些孩子喜歡說謊，在某種程度上說，這種孩子往往有想法、有獨立解決和處理事情的能力。所以，家長要根據孩子的說謊頻率、事情的嚴重程度，對孩子進行良性引導。
- ➤ **對症下藥**：針對孩子錯誤的類型，家長要以不同的教育方式進行引導。

適時地獎勵孩子

家長要經常獎勵孩子，尤其是對於那些性格內向的孩子，因為獎勵對孩子而言，是一股溫暖的春風，可以融化他們心中的「冰雪」。

獎勵孩子的方法很多，而每個孩子的自身特點又千差萬別，家長只有根據自己孩子的實際情況，因人而獎，以才而勵，靈活運用各種獎賞和激勵孩子的方法，才能真正達到促使孩子進步和成長的目的。

前不久，女兒的老師告訴高英英，說女兒在班上不愛讀書，也不積極舉手回答問題。一天晚餐後，高英英把女兒叫到跟前，問她為什麼會這樣。女兒說，她不好意思在全班同學的面前回答問題或者大聲朗讀，她怕答錯或讀錯了被別人嘲笑。

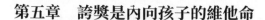

第五章　誇獎是內向孩子的維他命

　　為了鼓勵女兒克服心理障礙，高英英為她特製了一張日曆表，如果她當天在課堂上大聲朗讀或主動回答老師的提問，就可以得到 1 顆星。如果一個星期她能得到 3 顆星，就可以在週末時得到獎勵，到商店去買她喜歡的文具或玩具。如果一個星期得了 5 顆星，她就可以得到最高獎勵，在週末時選擇自己喜歡的活動，如看電影、到餐廳吃飯、去遊樂園，全家人都得服從。此外，她還可以晚半個小時上床睡覺，多看一下子圖畫書。

　　事實證明，這樣的獎勵很有效，幾個星期後，女兒變得有自信多了。

　　無疑，高英英對女兒採取的獎勵方法很科學，她採用了多種形式的獎勵：精神獎勵 —— 頒發進步小星星；物質獎勵 —— 到商店買女兒喜歡的文具或玩具；活動獎勵 —— 去遊樂園、多看半小時的書……隨著獎勵的不斷升級，孩子也在不斷地提升和進步。

　　家長在教育孩子的過程中，要充分了解到，喜歡獵奇是孩子的一大特點。當孩子對某一事物或說法接觸多次後，就會喪失新鮮感，逐漸失去興趣。對於家長給予的獎勵也是一樣，當家長經常用同樣的方法獎勵孩子時，會逐漸喪失效力。因此，家長獎勵孩子，可採用多種不同的方法，當然，還要符合孩子的年齡和他們的個性特點。

　　除了上述的精神獎勵、物質獎勵及活動獎勵外，還可讓孩子做家事作為獎勵。許多孩子都渴望像家長那樣做家事。家長可以選擇一些簡單的家事作為獎勵，例如：洗手帕、幫助媽媽為客人擺好桌子準備吃飯、幫助爸爸修理腳踏車和電腦、檢查地板打蠟機是否良好等。參與大人所做的事，對孩子來說是極大的快樂。

　　當然，在獎勵孩子的過程中，家長還要掌握技巧，不然的話，即使獎勵方式正確，獎勵還是不會達到預期的效果。

➤ **獎在不經意處**：不經意處，就是自己也沒注意或沒想到的地方。有時，可以對孩子漸漸形成的、自己也沒有注意到的優點或偶爾的一次良好表現給予特別的獎勵，以進一步強化孩子的這種優點和表現。比如孩子平常騎車後從來不擦車，某次不知道什麼原因，孩子很自覺地在擦車，而且還擦得很乾淨，那麼，不妨給予一定的獎勵，給他一個驚喜。又比如，孩子班上的一個同學出了車禍，住在醫院裡，孩子自作主張，用自己的零用錢買了點禮品去看望同學。家長得知後，也不妨給予獎勵，以表示對他的這種行為的充分肯定。

➤ **分配任務給孩子**：獎勵孩子時，可以使用這樣的方式：像上司委託下屬執行重要而光榮的任務那樣吩咐孩子。不斷地委託新任務讓孩子負起責任，這樣孩子就會產生責任感。孩子知道擔任上司指派的角色是不尋常的，在孩子看來這是光榮的事。這個方式對那些不願做家事及不聽話的孩子非常有效。

➤ **預先進行獎勵**：有時，孩子還未開始行動家長就給予獎勵，也能收到良好的效果。因為這樣做會使孩子感到被信賴而充滿信心去行動。「不應該讓大人提醒才去好好地做，要知道你已經是個懂事的大孩子了！」「你是個認真、用心的孩子，做這件事一定會使我們感到滿意。」這種獎勵方式要建立在暗示、激發自強自愛的基礎上。

➤ **避免獎勵過於頻繁**：獎勵應該是點綴式的，偶爾來一次，不能什麼都實行獎勵，今天作業做得很用心，獎；明天考試考得好，獎；星期天做了一些家事，獎；等等。獎勵過多過於頻繁，很容易產生負面效應，容易使孩子產生這樣的心理：你不獎我就不做，我做了，你就應該獎勵，把獲取獎勵當做是自己的目標。所以，凡是孩子應該做到的，比如作業寫清楚、簡單的家事等都不應該獎，需要獎勵的應該是那些一般難以做

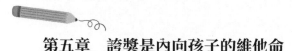
到、表現突出的、進步明顯的行為。

➤ **獎勵不能失信於孩子**：說好要獎的就必須獎，說好獎多少就獎多少，家長不能把自己的承諾當做玩笑，也不能對獎品打折扣。有些家長，一開始信誓旦旦，你做到怎麼樣，我一定怎麼樣，但等孩子真的做到了，又反悔了。這是很不好的，既會打擊孩子的積極性，也會弱化家長的威望。

➤ **辯證地對待獎勵**：對孩子不能只獎不罰，也不能只罰不獎。要賞罰分明，不能因為獎，而看不到孩子的缺點，也不能因為罰，而看不到孩子的優點。

賞識孩子的同時更應激勵

在生活中，有很多家長把賞識與激勵等同起來，以為賞識孩子就是促進孩子發展。事實上，激勵孩子遠遠不是一句「你真棒」那麼簡單。光有簡單的認同與主觀的欣賞，卻沒有催人向上的激勵與客觀的評價，對孩子來說，其作用還是相當有限的。

讓我們先來看這麼一個故事：

繼芳的媽媽自從上了「家長班」，了解到「賞識」的種種好處以後，她就經常對繼芳施行「賞識」教育。比如，有一次，繼芳國文考了 79 分，要換做以前，繼芳的媽媽早就鬧翻天了。但因為孩子需要「賞識」，所以，她強忍住怒氣，微笑地對女兒說：「繼芳真棒，繼芳要繼續努力哦！」

繼芳一聽媽媽的話，忐忑的心一下子落到了肚子裡，她輕鬆地回答道：「好的，我會繼續努力的。」至於怎麼努力，繼芳心裡其實沒有底。

無獨有偶，同學華鳳的媽媽同樣也上過「家長班」，她意識到，光賞識卻沒有激勵的教育往往缺乏鼓動性。因此，在華鳳考試回來以後，母女倆有

賞識孩子的同時更應激勵

這麼一番對話：

華鳳：「媽媽，我今天國文考了 92 分，全班第 7 名。」

媽媽高興地摸了摸華鳳的腦袋：「華鳳真棒，這一次成績都在 10 名以內了，真是出乎媽媽的想像，我覺得妳如果再細心一點，改掉答題粗心的毛病，爭取一下考到全班 5 名以內應該沒有什麼問題！」

華鳳聽了媽媽的話，很受鼓舞，她自信滿滿地對媽媽說：「媽媽，妳放心，有妳這句話，妳女兒說什麼也會再接再厲的！」

你看，以上的兩位媽媽，其用心是一樣的，但她們對孩子的「賞識」方式卻迥然不同。前者對孩子只誇獎、不激勵；只看到孩子的成績，看不到孩子的不足，不對孩子存在的差距和不足做出提醒和激勵。這樣的做法實質上可能會讓孩子誤會家長的意圖，以為家長對自己的成績並沒有不滿，從而放棄了繼續努力和積極進取的想法。而後者不但讓孩子感受到成功的欣喜，更有了明確的努力方向。其得到的結果也就可能會大相徑庭。

事實上，賞識孩子，不僅表現在對孩子成績的肯定和誇獎上，更表現在對孩子熱情的鼓勵和適當的提醒上。對孩子成績的讚揚可以讓他感到溫暖和欣慰，讓他感覺到自己的努力沒有白費，至少獲得了家長的認可；而對孩子的提醒和鼓勵則可以給他繼續努力的動力和信心，讓他們感覺到自己還有差距，還有繼續進步的潛力。

所以，家長不僅要對孩子的成績進行肯定和賞識，更要在賞識的基礎上，提出建議和鼓勵，讓孩子在欣慰的同時，感覺到來自家長的殷切期望。正如美國一位著名的教育家所說的：「沒有激勵就沒有教育。」有激勵的教育才是真正的「賞識」教育。

佳佳是一位國三女生，她的媽媽很會激勵她：

當佳佳的課業終於有些起色，媽媽說：「妳看，努力是不是就有收穫？

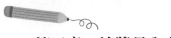

第五章　誇獎是內向孩子的維他命

妳多聰明啊！只要一努力就有成績了，媽媽真高興。」

當佳佳告訴媽媽，自己受到表揚時，媽媽說：「這是真的嗎？佳佳取得了這麼優秀的成績，媽媽怎麼有這麼聰明的女兒啊！我真是太幸福了。來，媽媽為妳祝賀，為我有這麼聰明可愛的女兒乾杯！」

當佳佳幫媽媽做家事了，媽媽說：「媽媽真幸福啊！真感動媽媽有一個多麼令媽媽驕傲的好孩子啊！又懂事、又愛關心人、又尊敬老人、又有禮貌。」

當佳佳講故事講得不怎麼流暢的時候，媽媽說：「這個故事實在太生動了，妳如果能講得慢一點，條理清楚一點，媽媽會聽得更明白哦！」

當佳佳犯錯時，媽媽說：「沒關係，爸爸、媽媽也有犯錯的時候，知道錯了改過就好，我相信妳以後不會再犯類似的錯誤了，妳說呢？」

當佳佳遇到困難與失敗時，媽媽說：「我們一起總結一下失敗的原因，然後對症下藥，媽媽相信妳自己一定會想出辦法來解決的！」

正是在這位聰明媽媽妙語如珠的讚賞與激勵之下，這位叫佳佳的女生變得越來越開朗、自信，充滿了上進心。因為努力，加上自身的天資，她在市區的各種比賽中屢屢得獎。當別人問起她成功的祕訣時，佳佳自豪地說：「這是因為我有一個非常棒的媽媽！」

事實上，這位媽媽什麼都沒有做，她只是在賞識自己的孩子的基礎上，給孩子更多的激勵罷了！因此，如果你希望自己的孩子有更多前進的動力，不僅要肯定你的孩子，更應該激勵他們，為他們指出努力的方向，讓他們自己去尋求更大的成功。

家長讚美孩子要有技巧

據報導，某國一項對全國國中小學生的調查，有這樣一個問題：如果你的爸爸、媽媽滿足你的要求，你最希望得到什麼？結果很有趣：有57%的孩子希望他們的爸爸、媽媽看到他們的進步，肯定他們；有56%的孩子希望自己的爸爸、媽媽別總拿他和別的孩子比，別總說別的孩子比他強。總之，孩子希望家長能聽到這樣的心聲：「爸爸、媽媽，我想得到你們的讚美！」

孩子的答案和呼聲，讓我們看到，任何一個人，希望被肯定的要求，勝過了對物質的和娛樂的渴望。俗話說，孩子是誇大的。是啊！對孩子的表現應給予肯定、讚賞、鼓勵，這樣，才會增強孩子的信心，為孩子帶來積極的情緒，激發孩子做事的積極性。可是，讚美孩子要遵守一定的規則，要適度，不然會使孩子養成愛吹噓、是非不分等壞習慣。

一位華人女士到北歐的一個國家去做訪問學者，週末到當地教授家中做客。一進屋，問候之後，看到了教授五歲的小女兒。這孩子滿頭金髮，極其美麗。這位女士送給她禮物，小女孩很有禮貌地微笑道謝。女士情不自禁地撫摸著小女孩的頭髮說，「妳長得這麼漂亮，真是可愛極了！」

可是，這位女士的讚美卻沒有得到教授的首肯。等女兒退走之後，教授嚴肅地對她說：「妳傷害了我的女兒，妳要向她道歉。」

女士非常吃驚。教授於是向她解釋：「妳是因為她的漂亮而誇獎她的，而漂亮不是她的功勞，這取決於我和她父親的遺傳基因，與她個人沒有什麼關係。但妳誇獎了她。孩子很小，不會分辨，由此她就會認為這是她的本領。而且一旦她認為天生的美麗是值得驕傲的資本，她就會看不起長相平平甚至醜陋的孩子，這就陷入了迷思。此外，妳還未經她的允許，就撫摸了她的頭，這會使她以為一個陌生人可以隨意撫摸她的身體而可以不經她的同意，這也是

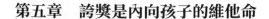

不良引導。不過妳也不用這麼沮喪，妳還有機會可以彌補。有一點，妳是可以誇獎她的，這就是她的微笑和有禮貌，這是她自己努力的結果。」

「請妳為妳剛才的誇獎道歉」，教授這樣結束了她的解釋。

這是一個典型的在「讚美」方面有關東西方文化衝突的例子。對於這位華人女士來講，又或者是說，對於大多數華人媽媽來講，看著孩子如天使般的成長，便忍不住要感謝上蒼的賜予，忍不住要將諸多美好的言辭加之於孩子身上。而且心理學研究也顯示，如果孩子總是被責備，他就會失去耐心；而如果他常常被誇獎，那麼，他就會愛你、愛我、愛整個世界，並對未來充滿美好的憧憬。

然而，當經歷過這個小事件之後，當這位女士正式向教授的小女兒道了歉，並讚美了她的禮貌之後，每當她看到美麗的孩子，她都會對自己說：孩子不是一件可供欣賞的瓷器或是可供撫摸的羽毛。他們的心靈就像一塊很軟的透明皂，每一次誇獎都會留下或深或淺的痕跡。

因此，對孩子的讚美不是沒有原則的。這一原則的核心祕密就是：讚美孩子的時候，應該只讚美他的努力和成就，不應該讚美他的容貌與聰明。而即使是努力和成就，讚美也要盡量具體。因為讚美得越具體，孩子越容易明白哪些是好的行為，越容易找準努力的方向。而一些泛泛的讚美，如「你真乖」、「你真聰明」、「你總是想得很周到」、「你是一個優秀的孩子」、「你真了不起」等，雖然暫時能產生提高孩子自信心的作用，但由於孩子不明白自己好在那裡，為什麼受到讚美，很容易養成虛驕的壞習氣。

讚賞與鼓勵孩子，家長應該注意以下幾方面：

➤ **讚美的話要說得誠摯**：家長讚美孩子的話不必喋喋不休，也無須一本正經，孩子需要得到的是誠摯與坦率的認可。比如，對課業不算好的孩子，當看到孩子成績單上數學成績有了明顯進步時，可以說：「你真

的在數學方面有了很大的進步，孩子。」在看完孩子寫給筆友的一封信後，可以說：「我認為你在交友方面有了很大的進步。」還可以對孩子說：「我昨晚已經發現，我不再需要提醒你完成你的作業了，因為我覺得你已經長大成熟了。」「你對問題的分析確實十分透澈。」「我發現你的作文中幾乎沒有什麼錯別字了，這真是一大進步。」

➤ **不可過分讚揚**：家長要不斷地尋找孩子值得讚賞的行為。假如過去很少讚賞孩子，那麼對他的讚賞不要一時過多，而要自然增多，使你的孩子不感到奇怪。當用愉快的表情和聲音讚賞孩子時，應用眼光注視著他。孩子由於做出了努力而獲得了成績，應及時地給予表揚。但不要對他們做的每一件小事，都給予過多表揚。避免在讚賞時加上消極的評語或習慣性的責備，致使讚賞作用受到影響。

➤ **讚美要把握時機**：孩子取得成績，渴望家長的讚賞，此時，家長應及時予以肯定，這樣，孩子要求進步的動機就會得到強化。否則，孩子就會低估自己的能力，原有的正確動機也會逐漸消失。

➤ **就事「讚」事**：讚美孩子不要直接針對其人，而應該讚美孩子的具體行為。例如，當孩子畫了一幅不錯的畫時，千萬不能說：「真聰明！」而應說：「哇！這幅畫真棒！」要知道，過分的讚美，會讓孩子播下愛慕虛榮的種子。

➤ **因人而異**：對年齡不同的孩子應採用不同的表揚方式，對學齡前的孩子可多用表揚，入學後的孩子因逐漸懂事，不必事事表揚，表揚應更有分寸；對膽小怕事的孩子可多用表揚，以增強其勇氣，建立信心；對能力強的孩子要慎用表揚。

▌肯定孩子的每一次進步

每個人都渴望成功，孩子也不例外。每個孩子的成長都是一個漫長的過程，這個漫長的成長過程是無數細小的進步累積而成的。沒有小進步的累積，就不會有成長，沒有小成功的累積，就不會有孩子今後的大成功。

然而，在現實生活中，很多家長因為對孩子的期望太高，竟然無視孩子小小的進步。

小王是音樂教室的鋼琴老師，這段時間，她正在教一批新學生學鋼琴。在這批孩子中，有一個叫張倍源的小男孩，他學鋼琴非常勤勞，雖然剛開始的時候入門比較慢，但後來慢慢地進入了狀態，彈得越來越好，她覺得這個孩子很有潛力。

可是，最近，王老師發現張倍源已經兩個週末沒有來學琴了。她感到非常奇怪，於是她撥通了張倍源家的電話，接電話的正是張倍源。

「張倍源，這兩個週末怎麼沒有來學琴呢？」

「媽媽不讓我去了。」張倍源小聲地說。

「為什麼不讓你來了呢？家裡有什麼事嗎？」

「沒什麼事，因為媽媽認為我學不好，再學下去也是耽誤時間。」

「怎麼會呢，你學得很努力，進步也很快，媽媽為什麼會這麼說？」

「我每次學完琴回家，媽媽總是讓我彈給她聽。每次彈完，她都說彈得不好，一點進步都沒有，就不讓我學了。」

掛上電話，王老師的心裡悲哀極了！

生活中，像張倍源媽媽這樣的家長還有很多，他們往往會因為孩子沒有達到「最佳」或自己心目中理想的標準，就全盤抹殺了孩子的成績，這對孩子的成長而言，是一種巨大的傷害！也許在無意中，就會因為家長過高的期望而葬送掉一個科學家或藝術家。

肯定孩子的每一次進步

其實，每個孩子在讀書或者生活中，總會有一些讓家長不滿意的地方。如成績沒有別人好，做事沒有別人快，腦筋沒有別人聰明……但是，孩子一直都在進步，這才是最重要的。身為明智的家長，應珍視孩子的進步，讓他有不斷的成功體驗。這樣，才能讓孩子在每一個小小的成功中，累積一分一分的自信。

有這樣一個故事：

期末考的成績下來了，甘國強只考了第二十名，而他隔壁的同學考了第一名。

回到家，他問媽媽：「我是不是比別人笨？我覺得我和同學一樣聽老師的話，一樣認真地做作業，可是，為什麼我考第二十名，而她考第一名？」

媽媽撫摸著甘國強的頭，溫柔地說：「你已經比以前進步了，以後會越來越好的。」

第二學期的期末考，甘國強考了第十五名，而他隔壁的同學還是第一名。甘國強還是想不通，又向媽媽問了同樣的問題。媽媽還是說：「你比上學期又進步了，以後會越來越好的！」

甘國強國小畢業了，雖然他還是沒有趕上他的同學，但他的成績一直在提高，已經進入前十名了。

暑假裡，媽媽帶甘國強到青島看大海。母子倆坐在海灘上，看那些在海邊爭食的海鳥。他們發現，越是體型比較小的鳥，越能迅速地起飛；而那些體型比較大的鳥，如海鷗，卻顯得非常笨拙，起飛很慢。這時，媽媽對甘國強說：「兒子，海鷗雖然起飛慢，但是真正能飛越大海、橫跨大洋的還是牠們。」

國中的時候，甘國強的成績已經名列前茅了。到了高中，他成了全校著名的高材生，最後以全校第一名的成績考入了頂尖大學。

這個故事是耐人尋味的。

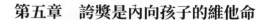

第五章　誇獎是內向孩子的維他命

是否能發現並賞識孩子的進步，不僅影響著孩子讀書和做事的效果，而且還會影響孩子對讀書和做事的態度。很多時候，孩子喜歡某一門課程，是因為放學回家後有人願意了解他們的學習情況，並肯定他們的進步。有些孩子說：「我喜歡音樂課，因為回家後可以唱歌給爸爸、媽媽聽，他們很喜歡聽。」也有的說：「我喜歡數學課，因為回家後算數經常得到媽媽的讚揚。」如果我們對孩子的進步不聽、不看、不肯定、不讚揚，孩子的學習積極性必定會受到打擊。

因此，家長隨時都要看到孩子的進步，尤其是在孩子表現不好或者進步不明顯的時候，不要打擊孩子的信心和積極性，而是應該善於發現孩子哪怕是一點點的進步，對孩子的表現給予寬容，對孩子的進步給予賞識，這將會讓孩子建立或者重新建立做好事情的勇氣和信心。

對孩子的進步，家長千萬不可視而不見，同時，要及時給予肯定。

➤ **家長要有一雙善於發現的眼睛**：家長對孩子的及時讚譽是孩子爭取更好表現的最大動力。而要及時對孩子的進步給予讚譽，家長必須有一雙善於發現的眼睛。如孩子把自己的玩具收拾好、孩子自己削鉛筆、孩子考試比前一次進步了一分或更多等，這都是表揚孩子的良機。

➤ **對孩子的每一點小進步都應該有所表示**：當我們對孩子的每一點進步都有所表示的時候，可以看到非常顯著的效果，話語雖然很簡單，但是孩子卻可以心領神會，如：「孩子，我非常高興，你今天把脫下的鞋子擺得很整齊。」就這一句讚美之詞，會提醒小孩一連多日都記住把脫下的鞋擺放好甚至養成長久的習慣。

➤ **永遠不要打擊孩子的積極性**：當孩子進步不明顯時，不要打擊孩子的積極性，要對他說：「你每天都在進步，別著急，會好起來的！」孩子受此鼓舞，一定會更加努力！

➤ **你期望孩子怎麼做，你就怎麼說**：比如，你期望孩子學會收拾自己的房間，就要先從他們會做的事做起，讓他們把床鋪好，把桌椅擺好。這樣一步一步地做，不久他們就能掌握收拾房間的技巧。同時要告訴孩子，大人看見了他們的每一個微小的成績。「你今天把床鋪好了，把桌椅擺好了，你基本上已學會怎樣整理房間了。」就這樣對孩子說出你對他們的期望，並不斷肯定孩子的進步，孩子們一定會越做越好。

┃及時誇獎孩子效果最佳

及時誇獎孩子的良好行為，有利於幫助孩子塑造正面行為和習慣，從而避免和減少孩子任性、叛逆等負面行為。

每個人或多或少都會有被肯定、被誇獎的需求，孩子更是這樣。當他樂顛顛地把剛畫好的一幅畫捧到你面前時，當他興沖沖地把在學校裡得到的紅花放在你手心時，當他扶起了不慎摔倒在地的小朋友時，當他講完一個故事時，當他疊好一件衣服時，他的眼睛往往會盯著你，充滿著期待，他是在期待你的誇獎啊！

當孩子確實值得誇獎時，家長不要吝惜，要及時作出反應，馬上就給予孩子積極的評價。要知道，誇獎是有時效性的，如果錯過了誇獎的最佳時機，誇獎的效果就會大打折扣。

某校曾經做過這樣一個實驗：期末考試之後，分別在不同時間內對兩個班級考試成績差不多的兩組孩子做出評價。

對第一組孩子，校長在考試成績出來的當天就表揚了他們：「成績很不錯，你們都是聰明的孩子，繼續努力吧！」

對第二組孩子，校長一直等到下一個學期開始之後，才對他們說：「你們上學期考試成績不錯！」

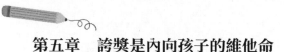

第五章　誇獎是內向孩子的維他命

　　一個學期以後，第一組孩子因為受到了校長及時的讚揚和鼓勵，學業成績有了明顯的提高。他們一致認為是校長的讚揚讓自己對讀書充滿了信心，讀書也更有動力了；而第二組孩子的學業成績卻沒有明顯進步。雖然校長讚揚了他們，但時間已經相隔太久，所以他們根本沒有察覺到這種表揚，所以他們的學習積極性也沒有太大的變化。

　　這個實驗證明，孩子是需要家長及時把握讚揚的時機及時誇獎的。因此，當孩子達到了某個既定目標時，家長一定要把握機會，及時由衷地讚揚孩子；同時表現出你的喜悅心情，讓孩子感受到是他的良好行為表現使家長倍感高興。這是簡單而又能產生顯著效果的一招，只要堅持去做，必有令人滿意的收穫。

　　孩子做了好事或有了進步，若當時就給予誇獎和鼓勵，孩子的榮譽感和成就感就會及時得到最大的滿足，從而把後面的事情做得更好。如果孩子取得了成就，家長無動於衷或反應遲緩，必然會讓他的內心造成不良的影響。

　　下面請看兩個事例：

事例一：

　　「媽媽，我跳高得了第一名。」錦榮一進門就興高采烈地對媽媽說。

　　「你身體又不是很好，運動起來那麼拚幹嘛？」正在廚房裡忙碌的媽媽順口問道。

　　「今天我們班上體育課，老師安排同學們進行跳高比賽。我是跳得最高的，老師還誇我很有運動天賦呢！」錦榮跑到廚房門口得意地說著。

　　「哦，知道了。今天有作業嗎？快去做作業吧！我這裡忙得亂七八糟的，你就不要搗亂了！」媽媽好像沒有聽到錦榮說的話，表現出一副無動於衷的樣子。

　　聽到媽媽這麼說，錦榮剛進門時的興奮感一下子就沒了，悶悶不樂地躲

進了自己的房間。

過了幾分鐘，媽媽做好了飯，她來到錦榮的房間。

「你是說你跳高得了第一名？」媽媽關切地問。

「呵，那沒什麼，不值一提。」錦榮垂頭喪氣地說，「媽，妳先出去吧！我還有很多作業還沒有完成呢。」

事例二：

「爸爸，我今天拋鉛球得了第一名。」喜騏進門就興高采烈地對爸爸說。

「呵，真了不起，沒想到你這麼棒。」爸爸放下手中的工作，表現出一副很驚喜的樣子。

這時，喜騏更開心了，他甚至高興得手舞足蹈起來。

爸爸接著鼓勵道：「你在課業上也要努力，如果也能得第一，那就更厲害了！」

喜騏高興地保證：「爸爸，我聽你的，我一定會努力的，我要讓你知道，我會做得更棒的。」

看吧！這是兩個截然不同的家長，錦榮的媽媽面對孩子的成績時，沒有及時表現出興趣，打擊了錦榮的上進心，而喜騏的爸爸儘管也很忙，卻仍然及時地給了孩子必要的誇獎，使他的上進心更強了。事實證明，只有及時賞識和讚揚孩子，才能充分提升孩子的積極性，讓他們往更高的目標衝刺。如果是事後隔很久再給予讚揚，那麼隨著時間的流逝，孩子已經不再有什麼期待了，而這時誇與不誇其實已沒有多大區別。

每個孩子都希望獲得家長的認同。他們透過自己的努力，在課業或者比賽中取得好成績，這是多麼值得家長賞識的事情。這時候，家長應該為孩子感到高興，應該及時給予熱情的賞識和讚揚。讓他們感覺到家長正在為自己的出色表現而感到驕傲。

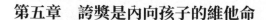

有時候，孩子需要的不僅僅是家長的一句讚揚的話，他們也需要得到家長的重視和關心。如果家長沒有對孩子的成績表示出及時的關心，也會讓孩子感到失望，而這種失望很可能會使他們失去繼續努力的動力。

及時讚賞孩子的優點，表現出對孩子真心的賞識和熱切的期望，能讓孩子感受到一種強大的精神力量，能讓孩子更加努力並更有自信，從而促進其智力發展和身心健康，大大增強孩子對讀書和生活的信心和勇氣。

總之，身為家長，要時時刻刻注意孩子的每一個小小的亮點，及時誇獎和鼓勵，讓孩子產生成就感和自豪感，促使孩子不斷進步。

▋不妨間接讚揚你的孩子

盧軍瑞每天放學回到家不是先做作業，而是先玩一陣子。因此，他的作業總是拖到半夜才做完。媽媽想讓他養成回家先寫作業的好習慣，於是，她對盧軍瑞說：「你要是能夠把回家作業放在首位，我和你爸爸就放心多了，那樣，我們會為你感到很高興、很驕傲的！」盧軍瑞很爽快地答應了媽媽的要求。在以後的日子裡，盧軍瑞果然實現了一回到家就寫作業的承諾，媽媽為了保持盧軍瑞的幹勁，每天都表揚他「做得好，是個好孩子」。

可是，最初幾天的興致過去後，盧軍瑞就沒幹勁了，回家後還是不想做作業，只想玩。媽媽繼續讚揚他時，盧軍瑞似乎對此也不感興趣了。

盧軍瑞的媽媽很不理解孩子。於是，她向一位專家請教。專家問她：「妳平時經常表揚孩子嗎？」

「當然了，我一向推崇賞識教育的。」

「妳總是一個勁地讚揚孩子，孩子對此自然就會失去新鮮感了。讚揚孩子的方式有很多種，妳不妨透過別人間接讚揚孩子，這會激發他的積極性。」

盧軍瑞的媽媽按專家的說法做了，果然很有效。

是的，家長賞識孩子的方式多種多樣，可以當著孩子的面直接讚美，也可以透過協力廠商間接讚美。間接賞識分兩種情況，一是家長不直接當面稱讚孩子，而是透過與第三者交談的方式讓孩子在「無意」中發現家長的溢美之詞。二是家長充當橋梁，讓孩子知道別人是如何讚揚他的。

一天，袁靜的爸爸請幾位朋友來家裡吃飯。

由於還有作業沒有完成，袁靜匆匆吃完飯後就回房間了。

幾杯酒下肚，爸爸和朋友開始談論起各自教育孩子的心得來。

這時，袁靜的爸爸非常興奮地說道：「我就覺得我們家小靜很好，我這女兒既聰明又聽話，還很關心別人。像是前幾天，我工作累了，她還幫我揉肩捶背呢！女兒的小手捶在我的肩膀上，就別說有多舒服了！」

說這話的時候，袁靜爸爸的幾個朋友都用羨慕的眼神看著他，其中有一個朋友說：「小靜真是個好孩子，我們真羨慕你！」

「其實你們的孩子也都很好，只是你們光挑他們的毛病，卻忽略了孩子的優點。」袁靜的爸爸對朋友們說。

袁靜在自己的房間裡聽到了爸爸和朋友們的談話，心裡高興極了，她決定以後更加努力讀書，不辜負爸爸對自己的讚賞！

袁靜的爸爸十分聰明，他明明知道孩子就在房間，透過與朋友交談讚美孩子，孩子一定能聽到。讚美一個人，當面讚美固然能發揮作用，但背後讚美的效果有時會更好，被讚美者往往容易接受並會被激起做得更好的願望。

當然，家長對孩子的賞識更多的是一種主觀的評價，不一定能從實際生活中得到印證，而別人對孩子的賞識卻大多來自實際的交際，他們沒有故意誇獎孩子的義務，因此他們的話要客觀得多，所以孩子也很在乎別人對自己的評價。

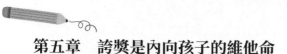

第五章　誇獎是內向孩子的維他命

讓我們繼續看以下兩個案例：

事例一：

陳燁的小阿姨是位事業有成的職場女強人，陳燁很崇拜小阿姨。

有一次，從小阿姨家做客回來，媽媽無意間提了一句：「今天你小阿姨誇你有禮貌了。」

「真的嗎？」陳燁表現出很興奮的神情。

「真的呀！她親口對我說的。」媽媽說。

從此之後，陳燁遇到熟人打招呼、常問候老人、還常幫助他人……變得越來越懂禮貌了。媽媽發現這一神奇的效果之後，每次從小阿姨家做客回來之後，都會神祕地告訴陳燁：「你知道嗎？你小阿姨偷偷地對我說，陳燁搶著做家事，是個懂事的大孩子了」、「小姨誇你讀書很用功，說你將來一定能發展出一番事業。」

從此，陳燁每去小阿姨家做一次客，回來都會有很大的改變。

事例二：

一次家長會後，幾位老師都在對一個學生的家長述說他的孩子不好好讀書，不遵守紀律等。家長很生氣，站在一旁的孩子也很害怕。最後，有位年輕的老師卻對那個憤怒至極的家長說：「這孩子淘氣是淘氣，但人很聰明，若能好好讀書，將來一定會有出息。」聽了這話，家長的情緒有所緩和，那個學生也鬆了一口氣。從此，這個原來很調皮的學生一下子像換了一個人一樣，遵守紀律，努力讀書，不但順利地考上了明星中學，還很高的分數考上了明星大學。

後來，那家長在路上遇到這位年輕老師，很感激地對他說：「真沒想到，您的一句話，使我兒子像變了一個人，還真的出人頭地了。」而那個學生在上大學後，寫信給他的這位老師說：「是您的一句讚美，改變了我一生

的命運，使我及時改掉了懶惰、散漫的劣習；是您的一句讚美，使我了解到自己的價值並對前途充滿了信心。」

每個人都希望獲得別人的讚賞，孩子也一樣，他們不僅希望獲得家長和家人的讚賞，更希望得到老師、鄰居、同伴等其他人的誇獎。當孩子如願獲知別人對自己的評價，尤其是積極的評價後，往往會產生更大的動力。哪怕當時他們並沒有被誇的那樣優秀，但他們也會朝著那個目標去努力。

家長經常當著孩子的面讚揚孩子，孩子聽多了就會習以為常，這時，可以換一種方式 —— 透過與別人交談讓孩子知道家長在間接賞識他，反而會取得意想不到的效果。另外，家長聽到別人對自己孩子的賞識是一件幸福的事情，但是不要忘記及時把別人的賞識傳達給孩子，讓孩子了解到別人對他的評價，感覺到別人對他的讚賞，從而激勵他不斷努力和進步。

第五章　誇獎是內向孩子的維他命

第六章
培養孩子樂觀積極的心態

　　每一個家長都希望孩子開心快樂地成長，一個性格樂觀開朗的孩子，總是對自己的能力乃至生活充滿了信心，容易與周圍的人友好相處，對新鮮的事物有著強烈的探索欲望。因此，家長要重視內向孩子樂觀性格的培養，當孩子對生活抱著樂觀的態度時，那麼，孩子就能更加健康地成長。

▌樂觀是孩子最大的財富

鄉村裡有一對清貧的老夫婦。

有一天，他們想把家中唯一值錢的一匹馬拉到市場上去換一些更有用的東西，於是，老先生一早便牽著馬趕到市集裡去了。

一開始，老先生用馬與人換得一頭母牛。可接著，他又用母牛換來一頭羊，再後來，他又用羊換得一隻肥鵝，然後又把鵝換成母雞，最後，他卻用母雞換了別人的一大袋爛蘋果。

當他扛著這一大袋爛蘋果在一家小酒館休息時，正好遇上兩個英國人，閒聊中，他談了自己趕集的經過。兩個英國人聽得哈哈大笑，說他回去必得挨老婆婆一頓揍，可老先生堅稱絕對不會，英國人就用一袋金幣打賭。

回到家中後，老婆婆見老先生回來了，非常高興，幫他擰毛巾擦臉，又端水給他解渴，面帶笑容聽著老先生講趕集的經過。每聽到老先生講到用一種東西換了另一種東西時，老婆婆都十分喜悅地給予肯定。

「太好了，我們有牛奶喝了。」

「真好，羊奶味道更好。」

「哦，真不錯，鵝毛多漂亮啊！」

「哦，好極了，我們有雞蛋吃了！」

最後，聽到老頭子背回一袋已開始腐爛的蘋果時，她同樣不慍不惱，高興地說：「太好了，我們今晚就可吃到美味的蘋果餡餅了！」

結果，兩個英國人輸掉了一袋金幣。

在我們的生活中，總會有不如意的時候，可當我們願意用樂觀的心態去面對生活、感恩所擁有的一切時，生活就會變得快樂起來。快樂，原來就在我們的心中，如果凡事能夠樂觀面對，那不論何時何地，我們都會覺得生活充滿幸福和歡樂。

樂觀是孩子最大的財富

樂觀是積極的性格因素之一。它不僅是一種心態，更是一種人生智慧。樂觀的心態，在人的一生中發揮著非常重要的作用。

樂觀的孩子更有包容心。他們能以幽默的眼光看待不愉快的事情，能體諒他人的難處。與人相處時，他們善於換位思考，善於發現別人的優點，更能包容別人的缺點，他們不會因為別人曾經傷害了自己就耿耿於懷，和自己過不去！

樂觀的孩子有一顆積極向上的心，他們對未來充滿了信心和希望。他們能在困難中看到光明，在逆境中找到出路，盡快走出陰霾；而悲觀的孩子往往看不到前路，總覺得生活很慘澹，人生看不到希望，於是消極怠慢，「做一天和尚，撞一天鐘，得過且過！」

樂觀的孩子比較容易發揮自己的專長。樂觀的孩子能在生活中不斷激勵自己的熱情，挖掘自己的潛能，同時，樂觀的孩子還能吸引和感染周圍的人，使他人也變得開朗、樂觀起來，從而爭取他們的理解、支持與幫助。悲觀的孩子，不僅讓自己深陷於情緒的低谷中，憂鬱不安，還給別人一種壓抑的感覺，所以沒有人喜歡與悲觀的人共處，以致讓自己也過得壓抑不堪！

樂觀開朗對健康有益。樂觀的孩子能保持一種良好的心態，他們總認為自己是幸運的，即使遭遇挫折，他們還是堅信自己有能力改變現狀，他們會拿出自己最好的狀態與挫折鬥爭，直到把挫折打敗。因此，樂觀是孩子應對人生中悲傷、不幸、失敗、痛苦等不良事件的有力武器。這樣的孩子，在心態與身體上都更健康。而悲觀的孩子，容易滋生出消極的情緒和挫敗感，這兩種感情都有害於健康。

樂觀是成功的一大要訣。培養孩子的樂觀精神就是在點燃孩子對未來、對成功的希望之火。樂觀的孩子能從消極中找尋積極的一面，也會因此讓自己擁有一片更廣闊的天空。

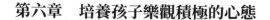

第六章　培養孩子樂觀積極的心態

　　孩子正處在身體和心理的發展時期，在這個過程中，家長應重視培養孩子樂觀向上的人格、豁達積極的人生態度。

➤ **讓孩子明白做任何事情都會有困難，只有樂觀面對才有機會**：家長可以透過講故事和讓孩子讀書的形式，讓孩子了解一些名人因樂觀進取而成功的事實，知道做什麼事都不容易，讓孩子逐步提升克服困難的勇氣和能力，培養樂觀精神。

➤ **讓孩子從小懂得什麼事都有轉變的可能**：要讓孩子明白，人世間的好事與壞事都不是絕對的，在一定的條件下，壞事可以引出好的結果，好事也可能引出壞的結果。當孩子課業上遇到困難的時候，要指導和幫助他克服這些困難，讓他知道，只要有戰勝困難的決心和辦法，他就會成功。

➤ **不要對孩子管教過嚴，讓他「掌管」一些事情**：不妨讓孩子在不同的年齡段擁有不同的選擇權。如允許孩子選擇午餐吃什麼，外出時穿什麼衣服，假日去什麼地方玩……只有從小就享有「民主」的孩子，才會樂觀、自立。

➤ **讓家庭保持樂觀的氣氛**：良好的家庭氛圍能使孩子經常保持樂觀、開朗、活潑的狀態。如果家庭中總是吵鬧和爭執，甚至充滿敵意或暴力，是絕對不可能培養出樂觀的孩子的。

➤ **鼓勵孩子多交朋友**：不善交際的孩子大多性格憂鬱，因為享受不到友情的溫暖而孤獨痛苦。性格內向、憂鬱的孩子更應多交一些性格開朗、樂觀的同齡朋友。

➤ **生活不宜過分優越**：物質生活的奢華有時反而會使孩子產生一種貪得無厭的心理。相反，那些過著普通生活的孩子，往往只要得到一件玩具，就會覺得十分快樂，遇到困難的時候，也不容易悲觀失望。

> **保護孩子的快樂感**：如果孩子是個書迷，同時他還熱衷於體育活動、飼養小動物或參加舞蹈訓練，那麼他的生活必定是多采多姿的，他也必然是個快樂的孩子。但若是家長無止盡地把孩子送往這個補習班、那個才藝班，使孩子失去打球、交友等自由時間，這樣極易讓孩子感到疲憊和厭倦，情緒低落，做事無精打采，就更談不上樂觀向上了。所以，身為家長，在送孩子學東西之前，首先要解決兩個問題：是否符合孩子的興趣與天賦？是否以剝奪孩子的休閒快樂為代價？

感情脆弱的孩子易消沉

　　一家德國公司要招聘 10 名員工，經過一段時間嚴格的面試、筆試，公司從 300 多名應聘者中選出了 10 位佼佼者。

　　放榜這天，一個叫蕭恩的年輕人看見榜上沒有自己的名字，悲痛欲死，回到家中便要自殺，幸好親人及時搶救，蕭恩沒有死成。正當蕭恩悲傷之時，從公司卻傳來好消息：蕭恩的成績原是名列前茅的，只是由於電腦的錯誤導致了蕭恩的落選。蕭恩欣喜若狂，然而，德國公司卻再次拒絕了蕭恩，理由是：如此脆弱的心理，何以擔當重任？

　　生活中，經常可以看到，一些孩子為了一點小事，就傷心落淚；因考試分數不理想，或者因為家長、老師責備了幾句，就離家出走；因被人誤解，還會產生輕生的念頭……在這些孩子當中，性格內向的孩子占了大多數。他們的心靈十分脆弱，好像一碰就會碎了一樣，讓家長操心不已。

　　那麼，感情脆弱的孩子一般有哪些表現呢？家長又該做些什麼呢？

> **過於敏感，太過重視自尊**：這類孩子很在乎別人的評價，尤其是受到嘲笑、輕視後，他們會非常害怕，從而形成自卑脆弱、退縮逃避、氣量狹小的性格，在行為舉止上常常顯得拘謹、不愛說話、喜歡獨來獨往。面對這

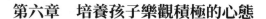

樣的孩子，家長應該為孩子營造一個寬鬆的環境，逐漸擴大孩子的社交範圍，盡可能發掘孩子的優點，使孩子在活動中獲得最大的成功，讓他有充分把握和表現自己的機會，獲得他人的認可和讚美，建立自信心。

➤ **虛榮心太強**：現在很多家庭都為孩子提供了過於優越的物質條件，從而助長了孩子在物質生活上的虛榮心。專家認為，在孩子的自我意識發展過程中，他們往往會過高地評價自己，再加上很多家長喜歡盲目地誇獎孩子，使孩子在精神上也產生了虛榮心。虛榮心強的孩子很喜歡攀比，如果看到別人比自己強，往往會感到強烈的失落感，心理失去平衡，脆弱不堪。因此，家長應該注意教育的方式，不要縱容孩子的消費欲望，要培養孩子節儉樸素的生活習慣，不要盲目表揚孩子，要讓孩子對自己有一個客觀的認知和評價，使孩子受得起表揚，也經得住批評。

➤ **贏得起，輸不起**：「輸贏乃兵家常事」，可是有些孩子贏了，他會高興得手舞足蹈，輸了，就怨天尤人、垂頭喪氣，甚至自暴自棄。面對這樣的孩子，家長要有平常心，正確對待孩子的輸贏。當孩子失敗時，家長要鼓勵孩子，把孩子從脆弱的感情中拉出來，轉移孩子的注意力。家長能夠對輸贏淡然處之，孩子對輸贏的心態也就自然而然地擺正了。

➤ **缺乏直面挫折的勇氣**：同樣是摔跤，有些孩子能夠自己迅速爬起來，拍淨身上的塵灰，繼續若無其事地玩耍；而有些孩子卻只是趴在地上傷心地啼哭。這就代表，在挫折面前，後者缺乏直面挫折的勇氣，進而心灰意懶、逃避退縮。在挫折教育上，家長的身教重於言教，當成人遇到挫折時，冷靜、堅強、勇敢的心態可以潛移默化地培養孩子直面挫折的勇氣。當孩子面對挫折時，家長要顯得平靜，淡化孩子的受挫意識。當孩子經過自己的努力克服了一些挫折後，家長要記得讚揚孩子，讓孩子在心理上獲得一種勝利感，從而增強克服挫折的自信心和意志力。

感情脆弱的孩子易消沉

　　脆弱的心靈不僅會為孩子帶來消極情緒，還會在孩子成長的路上設置障礙。

　　孩子為什麼感情脆弱？究其根源，這種結果與孩子成長過程中沒有獲得對挫折的適應力有直接關係。現代的孩子尤其是獨生子女，在他們成長過程中，父母總想方設法排除一切干擾，讓其順利成長，從而缺少甚至根本就從未經歷過挫折和磨難，那麼適應力從何而來，遇到挫折又怎能承受？沒有應對挫折的能力，人生的理想又從何談起？

　　有些家長深信，孩子年齡小，心理承受力差，只能接受良好的環境，並且以為「挫折」只會為孩子帶來痛苦和緊張，所以覺得挫折有百害而無一利。這種觀念影響著他們對待孩子的態度，也會間接地影響孩子的發展。其實，讓孩子從小就遭受一些挫折是很有好處的。家長應正確看待挫折的教育價值，把它當成是磨礪意志、提高適應力和競爭力的有力武器。

　　第一，有意地設置障礙，培養孩子抵抗挫折的能力。任何人在成長的過程中，都要經歷難以計數的挫折。如果孩子的道路一向平坦，做事順心，那麼一旦遇到困難，就會束手無策、情緒緊張，從而走向失敗。所以家長在孩子成長的過程中，應有意識地創造挫折情境，讓孩子獲得對挫折的適應能力，以培養孩子更好地解決問題的能力，使他們遇到困難時有足夠的心理準備，並能衝破阻礙，達到目標。在這方面，日本父母的做法就值得我們借鑑：在日本，許多家庭都採用讓孩子赤足、赤裸上身跑步鍛鍊的做法。在清晨，讓孩子穿著短褲、赤著腳在院子裡跑，每天家長把孩子送到幼稚園，孩子做的第一件事就是進行寒冷訓練。家長在日常生活中，可以根據環境為孩子設置一些接近現實的小障礙，比如，孩子做作業遇到了困難，不要急於告訴他答案，而讓他自己多思考，獨立地去解決，身為家長，只需適時地加以指導、啟發即可。當然，為孩子設置障礙時，必須結合孩子的年齡特點，障

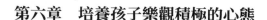

礙難度要適中，否則如果難度太大，易造成孩子的失敗，多次的失敗，極易引起孩子的自卑感。

第二，鼓勵孩子克服困難，以培養抵抗挫折的勇氣。在人們面對困難的時候，有些人失望、退卻；有些人卻積極接受考驗，在困難中鍛鍊自己。有些孩子受挫以後，難免會垂頭喪氣或採取逃避的方式。這時，就需要家長引導、鼓勵孩子面對現實，勇敢地向困難發起挑戰。比如，在孩子第一次摔倒時，有些家長會對孩子說：「別怕，摔一下算不了什麼，我知道你很勇敢」，也有些家長會大驚小怪地喊叫，讓孩子感覺到好像發生了什麼大事。家長如此不同的反應就可能影響孩子對待困難的態度，可想而知，第一個孩子在遇到困難的時候，會更有勇氣去面對。

第三，及時疏導，幫助孩子正確理解挫折。在現實生活中，有許多困難是經過努力就可以克服的。當孩子真的受挫以後，家長不能置之不理，採取「無視」的態度，而應及時疏導，幫助孩子意識挫折，分析挫折產生的原因，進而正確理解挫折。同時，讓孩子充分了解自己的優缺點，讓孩子們了解到挫折本身並不可怕，最重要的是以什麼樣的態度對待挫折，這才是成功的關鍵。

孩子的脆弱情感是樂觀情緒的大敵，家長要及時幫助孩子從情感脆弱的心理中走出來，讓孩子變得樂觀、開朗、活潑。

▎孩子，別讓情緒左右自己

羅傑克是個性格內向的小男孩，他的學業成績很優秀，但小小年紀的他脾氣非常不好。有一次，因為家長不同意他在星期天到遊樂園遊玩，他感到非常憤怒，就衝向自己的房間，握緊拳頭往牆上猛擊，一面哭一面打，雙拳血肉模糊都沒有感覺到。他爸爸氣得揍了他一頓。他媽媽要幫他上藥，他也

反抗，之後倒在床上大哭。弄得他的家長一點辦法都沒有。為此，他的家長不得不求助於教育專家。教育專家分析：在遇到不如意或者突發事件的時候，孩子一般都會表現出情緒不穩定。在這個時候，做家長的就要教會孩子應該怎樣正確釋放自己的情緒，學會管理自己的情緒。

為什麼一個人衝動起來，會做出一些在正常情況下難以想像的荒唐蠢事？醫學專家認為：人在衝動時，體內的各個臟器與組織極度興奮，會消耗血液中的大量氧氣造成大腦缺氧，為了補充大腦所需要的氧氣，大量血液湧向大腦，使腦血管的壓力激增。在大腦缺氧以及腦血管壓力劇增的情形下，人的思維會變得簡單粗暴。心理學家則認為：當一個人衝動時，全部的注意力都集中在導致他衝動的這一件事情上，對於其他的諸如後果之類的問題根本就沒有時間與空間去考慮。

從前，有一個脾氣很壞的男孩。他的爸爸給了他一袋釘子，告訴他，每次發脾氣或者跟人吵架的時候，就在院子的籬笆上釘一個。

第一天，男孩釘了 37 個釘子。後面的幾天他學會了控制自己的脾氣，每天釘的釘子也逐漸減少了。他發現，控制自己的脾氣，實際上比釘釘子要容易得多。

終於有一天，他一個釘子都沒有釘，他高興地把這件事告訴了爸爸。

爸爸說：「從今以後，如果你一天都沒有發脾氣，就可以在這天拔掉一個釘子。」日子一天一天過去，最後，釘子全被拔光了。

爸爸帶他來到籬笆邊上，對他說：「兒子，你做得很好，可是看看籬笆上的釘子洞，這些洞永遠也不可能恢復了。就像你和一個人吵架，說了些難聽的話，你就在他心裡留下了一個傷口，像這個釘子洞一樣。」

傷害了別人以後，無論你怎麼道歉，傷口就是在那。要知道，身體上的傷口和心靈上的傷口一樣都難以恢復。所以無論在什麼情況下，都要控制自

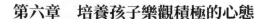

己的情緒，不要因為自己的壞脾氣，嚇跑了別人，讓自己成為孤家寡人。

事實證明，情緒是可以控制的。情緒自控能力是情緒智力的重要表現之一，這種能力能讓人及時擺脫不良情緒，保持積極的心態。

自控即自我控制，是一種控制和約束自己情緒的能力。神經生理學家告訴我們，理性思維與情緒行為在腦中是有部位分工的。人們的行為既受理性指導，又受當時情緒狀態的影響。這種影響有好的，也有壞的，程度上也有強有弱。如果沒有自控，聽任情緒自由行事，自我行為管理則是不可能的。

要做到自控，不是很容易的事；要循序漸進，切不可急躁。

幫助孩子學會自控，即學會控制和調整自己的情緒，家長要注意下面幾個方面的內容：

➤ **家長要創造一個良好的家庭氛圍**：家長要有意識地加強自身修養，當著孩子的面要心平氣和地處理事情，處世要大度。在這種環境下，孩子的性格會受到良好的陶冶。

➤ **幫助孩子認清發脾氣的壞處**：為了一點小事就大發脾氣，容易傷害別人的感情和自尊心，也是不尊重他人的行為。不尊重別人，那就無法得到別人的尊重。另外，發脾氣不但於事無益，而且還會越鬧越僵，一發不可收拾。當孩子發脾氣時，不妨讓他想想如果別人對他發脾氣，他的心裡會有何感覺。其次，想想發脾氣的後果，從而學會「三思而後行」，這樣脾氣就會平息下來。

➤ **家長對孩子要多讚揚，少責備**：對孩子的不良行為不要過多責難，更不要實行體罰。那樣做，效果只會適得其反。家長要更多地關心孩子平和的行為，並對這些行為予以讚揚，投去讚許的笑容，讓孩子在不自覺中培養良好平和的個性。千萬不能讓孩子時時提心吊膽，總是擔心自己又做出讓家長討厭的行為，越是提心吊膽，越容易出格，越容易發脾氣。

➤ **讓孩子學會寬容**：要讓孩子學會寬容別人的過錯，要「待人寬，責己嚴」，不要動不動就怪罪和指責別人。要使孩子懂得，即使別人犯了錯，指責別人也決非上策，而寬容卻能使人自覺反省並改正錯誤。

➤ **讓孩子參加磨礪性格的活動**：讓孩子參加學校或校外的書畫興趣小組，在書畫練習中陶冶性情；讓孩子和媽媽一起剝毛豆、理韭菜，多參加諸如此類的家事，在做家事過程中可培養孩子的耐心和毅力；六日，可與孩子一起進行登山、遠足等活動，以磨礪孩子的意志，增強孩子的自我控制能力。許多實際案例證明，這些活動實施一年之後，經常情緒失控的孩子都有了不同程度的進步。

➤ **家長要控制自己的情緒**：家長應該時刻注意自己在生活中的表現，比如，當碰上塞車或是排在蛇形的長隊中等待的時候，不要發怒、不要抱怨。就將此當成一個機會展示給孩子看，你是怎麼反應的，相信孩子能從中受到感染。

引導孩子宣洩負面情緒

小蘭剛上國小不久，就發生了一件讓她傷心的事情。她從小就非常要好的朋友小豔在班上結識了一個外地轉學來的同學，從此，小豔與新同學的關係漸漸超過了她與小蘭的關係。小蘭就這樣遇到了友誼挫折。

小蘭非常傷心。她向媽媽哭訴自己遇到的情況，誰知，媽媽並不理解小蘭的想法，反而呵斥道：「這麼一點小事值得大驚小怪嗎？真是沒出息！」

媽媽的呵斥讓小蘭更加傷心。從此，她變得鬱鬱寡歡，不管遇到什麼事情也不跟媽媽說了。等媽媽意識到小蘭的變化時，小蘭已經變得非常憂鬱了。對於孩子表現出的悲傷或軟弱，父母不應呵斥，應該讓孩子盡情地發洩心中的鬱悶，只要孩子發洩夠了，他自然會恢復心情的平靜。如果孩子需要

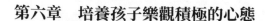

父母的幫助，父母應該及時安慰孩子，用相同的心理去感受孩子的情緒，努力引起孩子的情感共鳴，從而緩解孩子的不良情緒。

一位諮商心理師講課給家長聽，他列舉了這樣一個故事：「卡瑞爾到密蘇里州去安裝一架瓦斯清潔機。經過一番努力，機器勉強可以使用了，然而，遠遠沒有達到公司保證的品質。他對自己的失敗感到十分懊惱，簡直無法入睡。後來，他意識到煩惱無法解決問題，只有趕緊找辦法才是。他嘗試了很多種方法，最終找到了一種十分有效的方法，他把這種方法稱為「萬靈公式」，分以下三步：第一步，找出可能發生的最壞情況是什麼──充其量不過是丟掉工作，也可能老闆會把整個機器拆掉，使投下的 2 萬塊錢泡湯。第二步，讓自己能夠接受這個最壞情況。他對自己說，我也許會因此丟掉工作，那我可以另找一份；至於我的老闆，他們也知道這是一種新方法的測試，可以把 2 萬塊錢算在研究費用上。第三步，有了能夠接受最壞情況的心理準備後，就平靜地把時間和精力用來試著改善那種最壞的情況。卡瑞爾做了幾次測試，終於發現，如果再多花 5,000 元，加裝一些設備，問題就可以解決了。結果，公司採用了他的辦法，使產品獲得了客戶的滿意。」

諮商心理師進一步開導說，「如果孩子有了煩惱，家長可以用卡瑞爾的萬靈公式，按照以下三點去做：問孩子可能發生的最壞情況是什麼；接受這個最壞的情況；鎮定地想辦法改善最壞的情況。」

其實，讓孩子宣洩負面情緒的方法有很多種。只是家長應明白，孩子在發洩心中不悅情緒時，沒做出傷己、傷人和破壞東西的事情，就應該讓孩子用自己的方法來宣洩情緒。

專家認為，讓孩子宣洩情緒的比較有效的方法如下：

第一，讓孩子盡情地哭。哭是孩子情緒宣洩的一條重要管道。有人說過，家長對孩子最殘忍的事莫過於不讓孩子眼眶裡的淚水往下流。幾乎所

有的家長都不捨得讓自己的孩子哭泣，更不曾引導孩子用哭來宣洩自己的情緒。當孩子遭遇恐懼、委屈、憤怒時，常常會用哭來表達內心的感受，此時，家長不要哄勸孩子停止哭泣，或者強行壓制孩子不許哭。因為，哭泣可以讓在緊張狀態中的孩子變得輕鬆一些。

第二，讓孩子把自己的情緒畫出來或者寫出來。專家認為，讓孩子以畫畫或文字來表達當時的心情，能幫助孩子很好地宣洩自己的不良情緒。因為在這個過程中，孩子可以有機會重組事件經過，並有機會作出檢討和反思。

第三，鼓勵孩子把不良的情緒「說」出來。傾訴是緩解壓力的重要途徑，如果無法讓孩子學會傾訴，那麼，久而久之，孩子遇到什麼事情都不願向家長及他人傾訴，而是把心事悶在心裡，長此以往，就會造成孩子的心理危機。傾訴可以緩解人的壓力，讓人把緊張的情緒釋放出來。要讓孩子學會透過傾訴來排解情緒，在遇到衝突或挫折時，要鼓勵、引導孩子將事由或心中的感受告訴他人，以尋得同情、理解、安慰和支持。孩子對成人有很大的依賴性，成人對孩子表現出的同情或寬慰會緩解甚至清除孩子的心理緊張和情緒不安，即使在孩子傾訴並不合乎情理的情況下，也要耐心地聽下去，並保持沉默，等待孩子情緒的風雨過後，再與他仔細討論存在的問題。

第四，幫孩子轉移不良的情緒。轉移也是孩子宣洩情緒的良好途徑。當孩子遇到衝突和挫折時，不要讓孩子過多關注所遭遇的事情，而要引導其從這種情境中擺脫出去，儘早投入到自己感興趣的活動中。例如，孩子因為與其他孩子出現爭執而受到老師責備，家長不要指責孩子，而要和孩子談談心，講講老師為什麼要責備他，然後，可以讓他到室外去踢一下球，在劇烈運動中會將累積的情緒能量發散出去。

第五，對孩子進行希望教育。樂觀的孩子往往對未來充滿了希望，悲觀的孩子則往往覺得未來沒有希望。因此，父母要對孩子進行希望教育。希望

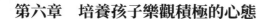

教育是一項細緻的工程，需要父母及時地感受到孩子的沮喪和憂愁，幫助孩子驅散心中的陰影。

此外，家長還可以在不同的情況下，給予孩子情緒上的梳理與指導，這樣，孩子才能學會控制和表達自己的情緒，成為真正快樂的人。

不要給孩子貼負面標籤

很多時候，孩子之所以不快樂，與家長的不當教育有著直接的關係。比如，家長經常指責孩子，孩子就會有一種「處處不如人」的心理，長此以往，孩子就會變得越來越消沉、越來越悲觀，而內向的孩子就會更加內向。

常常聽到家長如此訓責孩子，「你總是馬馬虎虎」、「你真是太懶了」、「你這個笨蛋」。誠然，他們並非捕風捉影，但孩子就真的有這些毛病嗎？尤其是當前隨著社會越來越多針對厭學、翹課、網路成癮、談戀愛、打架及青春期叛逆心理等引發的一系列行為異常的孩子進行「扶正偏差」的現象出現，很多孩子都被貼上了「××孩子」的標籤，讓他們背負了一張沉重的「名片」。對此，心理專家明確提出，孩子成長缺陷不可小視，但千萬別亂貼「××孩子」標籤，給孩子任意地貼上標籤，會導致孩子產生各種心理情結。家長的負面評價不僅在當時會令孩子不快，而且會在他的潛意識裡留下不可磨滅的痕跡。

一個人的成長尤其是在兒童時期，不但受制於先天的遺傳因素，更脫離不了後天環境的複雜影響。在種種影響因素中，社會評價和心理暗示的作用非常之大。孩子被別人下某種結論，就像商品被貼上了某種標籤。當被貼上標籤時，就會容易使自己的行為與所貼的標籤內容保持一致。這種現象是由於貼上標籤後而引起的，故有人稱之為「標籤效應」。

這裡有一個故事，讀後讓人深思 ——

不要給孩子貼負面標籤

一個春意盎然的下午，發發又一次被媽媽帶到了精神科醫生面前。

剛剛坐定，發發媽媽就開始訴苦：「我生發發的時候不大順利，醫生給他吸了氧，還告訴我孩子以後可能會有一些智力上的問題，也可能有其他的問題。」

媽媽嘆了一口氣：「他今年都9歲了，和別的孩子就是不一樣。先天不足，智力有問題，又不專心，板凳沒坐熱，就不知到哪裡去了，學業成績更別提了，班上的後五名，真不知道他以後會怎樣。」

媽媽越說越激動：「我帶他去了不少的醫院，也作了檢查，也沒查出是什麼毛病。」

「我看還是他腦子有毛病。」

當醫生把目光轉向發發時，發發依然無動於衷！

媽媽推了推發發，發發不假思索地說：「媽媽說我腦子有毛病，我也覺得是，上課也無法專心聽課。」

不等發發把話說完，媽媽又對醫生說：「醫生，你說這孩子可怎麼辦才好？」

但是，在醫生看來，發發的「病情」並不是什麼智力問題。果然，經過智力測定，發發的智力水準完全正常，不存在智力低下的問題。

那麼，發發為什麼無法把注意力放在課業上？

事實上，發發學業成績不好，完全是發發媽媽消極的標籤效應造成的結果。因為媽媽總在發發面前提到，醫生說過發發可能會有智力問題，而現實生活中，發發又確實無法集中注意力讀書，學業成績上不去，以致發發也自認為自己的智力有問題。

標籤之所以會產生效應，是因為家長的一言一行深深影響著孩子對生活的態度，孩子往往缺少主見，總是無條件、無意識地承認和接受家長對自

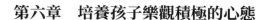

己的評價，卻又無法對這些評價做出客觀的評判。比如，當孩子被家長告知「你是個害羞的孩子」時，孩子會以為自己真的不善於與人打交道，並產生退避的行為；當家長說「你怎麼這麼笨」時，孩子會感到非常緊張，往往表現得更笨。

　　既然消極標籤會引導孩子走向消極面，那麼，積極「標籤」是不是就可以把孩子引向積極面呢？答案自然是肯定的。有些家長可能不知道，成功的孩子時常都得到了大人的「助推起動」——這正是孩子起步時所需要的。家長的建議、鼓勵、信任，都是孩子不怕失敗、勇於進取、邁向成功的「助推劑」。一份調查顯示：90％在品格、意識和智力方面有出色表現的人，幾乎在自己的童年或少年時期都受到過來自親人的積極暗示，最多的是來自家長。積極的暗示是表達愛的情感，而不是誇張、誇耀或對缺點的掩飾。用積極、正面的語言肯定孩子，誇大孩子的優點，縮小缺點，營造「我可以」的心理氛圍，孩子的好習慣和情緒就會接踵而至，這也是所謂的「暗示教養」。專家認為：積極的暗示，尤其是來自親人、朋友或老師的暗示，一定會對孩子心理、心智方面產生良好的作用。所以，無論是家庭教育，還是社會教育，都應給孩子寬闊的發展空間，並培養孩子的自我調節能力。比如，一旦孩子有了網路成癮症，不要把他當成一個醫學上的治療對象。現在有很多所謂的專家，治療網路成癮只會給孩子貼標籤，什麼狂躁症、自閉症、憂鬱症、社交恐懼症等。這其實並不恰當，不斷指責孩子「不上進」、「貪玩」、「網路成癮」等，只會對孩子心理造成很大的負面影響，此時家長應把教訓的口氣換一換，嘗試用不同的方式與孩子交談，逐步把孩子引導出網路成癮症。其實，孩子愛打架，並非就是有「暴力傾向」；孩子不合群、不善言談，並非就是「心理陰暗」；孩子寫情書、談戀愛，並非就是「道德敗壞」……

不要給孩子貼負面標籤

在第二次世界大戰期間，美國曾召集一批正在監獄服刑的犯人上前線作戰。出發前，美國政府特派了幾個心理學專家對犯人進行戰前訓練和動員，並隨他們一起到前線作戰。訓練期間，心理學專家們並未對犯人進行過多的說教，而是讓他們每週寫一封信給自己最親的人。信的內容由專家統一擬定，敘述的是犯人在獄中如何接受教育，改過自新等，每一封信都告訴親人，自己的表現非常非常好。專家們要求犯人認真抄寫後寄給自己最親的人。三個月後，犯人開赴前線，專家又要求犯人在給親人的信中寫自己是如何服從指揮、如何英勇作戰等。自然，親人們的回信都充滿了驚喜和讚賞。結果，這批犯人在戰場上的表現比起正規軍來毫不遜色，他們在戰鬥中正如他們信中所說的那樣服從指揮，英勇戰鬥。

可見，來自他人或自我的心理暗示，都會對人生產生巨大的影響。積極的心理暗示能喚起自信，自信能激發熱情，正面影響積極性，從而使一個人奮發向上，取得意想不到的進步。相反，消極的心理暗示則使人喪失自信，降低動機水準，最終放棄努力，一事無成。

激發孩子改善自己行為的最終目的是鼓勵他以為自己可以成為一個好孩子，在這一基礎上，我們才能要求他摒棄不良行為，力求上進。如果家長急於給孩子下結論，貼標籤，使他相信自己不可救藥，又怎麼能夠振作孩子的上進心，改善他的行為呢？家長在與孩子交談時，一定要注意到自己的話可能對孩子產生的效果，盡量避免產生負面效應。

身為家長，對於孩子正常發展具有很重要的作用，尤其是家長的一言一行都會對孩子的心理和發展產生促進或抑制的作用。所以，不管在什麼樣的情況下，家長都要盡量給孩子積極健康的心理引導，讓孩子形成正確認識自己和評價自己的能力。所以，家長的正確做法應該是：

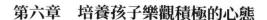

第六章　培養孩子樂觀積極的心態

> **不要過於看重孩子的錯誤**：在我們的生活中，常有一種想法是：「找出錯誤，才能進步。」在這種觀念的推動下，許多「恨鐵不成鋼」的家長們似乎都成了專門從雞蛋裡挑骨頭的專家。動不動就指責挑剔孩子，造成很多孩子不必要的挫折和信心喪失；更有一些孩子非常害怕犯錯，但越是害怕犯錯，就越容易犯錯！如果孩子感覺不到自己的「進步」，時間久了，他們自然就開始破罐子破摔，一錯到底了。因此，身為家長，如果你希望自己的孩子成長進步，就不要盡挑孩子的錯誤，不必對孩子的錯誤耿耿於懷，而應該鼓勵孩子建立起一種價值感，把錯誤當成成功的一塊跳板，這樣，在錯誤中，孩子學會的是總結與跳躍！一個善於從「錯誤」與「失敗」中總結經驗的孩子，怎麼可能不成功呢？

> **相信孩子，給予孩子積極的期待**：成人有益的幫助會導致孩子的發展趨向於積極；反之，消極的期待則會導致孩子的發展趨向於消極。如果一個家長認為自己的孩子不可能做好某件事，得到的結果通常也是如此。事實上，期望對孩子的影響很大，當家長不相信孩子的能力，預期孩子會失敗時，孩子就會在心理或者言行上表現出沒有信心，最終導致失敗！反之，如果家長相信孩子的實力，鼓勵孩子，給孩子積極的期待，那麼孩子就有可能成功！因此，相信孩子，給孩子積極的期待吧，別讓你的孩子成為負向期望的犧牲品。

> **以身作則，做孩子的榜樣**：家長的處世態度往往對孩子有著很大的影響。一個心態消極、總喜歡抱怨的家長，也會潛移默化地影響孩子的成長，為他們的心理帶來陰影，讓自己的孩子變得和自己一樣消極；而心態積極樂觀的家長，會讓孩子變得更加積極、樂觀、向上。因此，身為家長，尤其是心態消極的家長，一定要從孩子的角度出發，重新塑造自己的人格，盡力調整好心態，使自己具備達觀的人生態度，發揮良好的

榜樣作用。這樣，才能給孩子一個塑造優秀人格的溫床。

總之，家長不要隨便給孩子貼標籤、指責孩子。要為孩子營造一個輕鬆愉快的家庭環境，讓孩子在積極的氣氛中健康成長。只有這樣，孩子才會成為一個樂觀開朗的人。

嫉妒心會剝奪孩子的快樂

我們常說：「嫉妒之心，人皆有之。」這種負面情緒幾乎是與生俱來的。可是，如果一個人長期嫉妒別人，心情必定壓抑無比，常常會感到「很不爽」，從而影響快樂指數。尤其是對於孩子來說，嫉妒之心的危害更大。

這是節選自一位叫安頓的家長發表在某報的文章 ——

寶寶三歲四個月，我第一次發現她會嫉妒。

「妳說，雯雯是不是很討厭？」寶寶坐在小凳子上，幫玩具動物排隊。

「為什麼呢？」這是第一次聽她說某人的壞話，我很好奇。同時，我提醒自己，育兒書上說，當孩子訴說對別人的不滿時，在了解事情之前盡量不急於做是非判斷。

我的提問是鼓勵，接下來她用她能駕馭的語言描述雯雯如何「討厭」：「雯雯有個娃娃，眼睛能動，她不跟我一起玩，她還能玩我的玩具，她討厭！」

我放下手裡的東西，走過去抱住她：「寶寶和小朋友分享玩具是對的，媽媽覺得雯雯可能太喜歡自己的娃娃，還捨不得分享，不是討厭……」

寶寶靠住我：「媽媽，妳沒看見雯雯的娃娃，一點也不好，衣服髒，肚子破，我根本不想分享……」寶寶用力補充一句，「破娃娃！」然後掙脫我的懷抱，把動物排列整齊：「媽媽，我的玩具好，雯雯別想分享！」

晚上，我問寶寶，是不是很想要一個眼睛會動的娃娃。她毫不猶豫地說「想」。

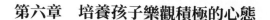

這件事過去不久，寶寶的嫉妒又一次表現了出來。

我們散步時，遇見果果媽媽帶果果去幼稚園回來。果果手裡拿著新買的卡片，上面有 120 個國家的國旗。果果媽媽說，果果認識 60 多個國家和它們的國旗，我說：「果果真棒！」

回家路上寶寶問：「媽媽，國旗是什麼？」我解釋國家、國旗是怎麼回事，她聽得很認真。等我說完，她說：「媽媽，我會說 100 個英文單字，果果不會吧？」我說果果在幼稚園也學英文，下次我們問問他會說多少。寶寶馬上說：「媽媽，幼稚園沒有妳教的多，他一定不會 100 個單字！」她有點憤憤不平地走著，不再說話。

等吃完晚飯，我試探著問，媽媽教妳畫幾種國旗好不好？她立即坐好：「媽媽，畫 60 個！」

這兩件事讓我意識到，寶寶的嫉妒心不容忽視了，雖然還在萌芽狀態。但嫉妒終究是影響孩子心理健康的負面情緒，如果從小沒有恰當地引導她，「長大後的嫉妒」會很可怕。

隨著孩子年齡的增長，他們自我評價的意識開始萌芽，但他們的評價是以成人的評價標準為參考的。比如，家長為了鞏固孩子的優點經常會採取鼓勵、表揚的方法，來增加他們不斷進步的自信心，但如果表揚過分，就會使孩子產生驕傲情緒，他們以為只有自己是最好的，別人都不如自己，進而看不起別人，甚至當說別人好過自己時，他們就接受不了，於是產生了嫉妒的心態。

大多數的孩子都是爭強好勝的，他們希望自己樣樣都比別人強。但由於孩子的認知水準有限，他們認為說別人好就等於說自己不好，無法把超越別人和自己努力連繫起來，而是希望別人不如自己。這是孩子產生嫉妒心理的認知根源。

嫉妒心會剝奪孩子的快樂

　　儘管嫉妒是一種尚可理解的正常情緒反應，但是如果嫉妒情緒過多、過強，時間一久，它就可能成為孩子人格的一部分，從而使孩子在成長過程中，常會由於嫉妒別人的成功而導致自己的苦悶。這樣一來，不僅會影響他們的快樂成長，還會影響他們的身心健康。

　　值得注意的是，嫉妒心強的孩子往往自尊心和虛榮心也強。嫉妒心使人心胸狹窄，容不得別人超過自己，自私自利，不懂得關心他人；嫉妒會製造矛盾，影響團結；嫉妒會孤立自己，不利於孩子健康成長；嚴重的嫉妒會變成一種仇恨。

　　若孩子嫉妒心強，家長可以採用下面幾種方法予以糾正。

➤ **教育孩子積極向上**：面對自尊心和虛榮心都很強的孩子，家長可以適當利用虛榮心、自尊心激勵他們的競爭意識，使孩子積極努力，這樣才能超過別人。家長應該告訴孩子：「你希望得到老師的表揚，別的孩子也希望得到表揚，在大家共同努力的情況下，結果可能是這次你勝利了，下次又變成他勝利了。這沒有關係的。」

➤ **幫助孩子克服不足**：嫉妒心強的孩子往往是由於自身存在某方面的不足而產生嫉妒情緒，家長要幫助孩子找出自身的不足，幫助他們努力克服。如有些孩子看到別的小朋友畫畫比自己好而產生嫉妒心，家長可以幫助他們提高繪畫的能力。這樣孩子在與他人比較繪畫能力時，就會有足夠的自信。只要孩子各方面能力都得到相應發展，嫉妒心就會相對減弱。

➤ **培養孩子的自信心**：家長要從小培養孩子的自信心，用鼓勵、表揚的方式對待孩子。當然，這種鼓勵和表揚要適當，不能誇大其詞。自信的孩子往往比較樂觀，在對待別人的成功時，他們心態平和，而且相信自己也會成功。

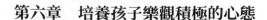

> ➤ **引導孩子正確競爭**：孩子產生嫉妒心理後，家長不妨把它引導到建立孩子正確的競爭意識上來。家長可以告訴孩子，別人領先獲勝後，自己要做的事情不是生氣，而是激發鬥志，勇於和對方競爭。同時，家長還要告訴孩子：「別的孩子獲得成功了，一定有許多優點值得你去向他學習，你要把對方的長處學到手，這樣你也能不斷進步，取得成功。」

> ➤ **為孩子樹立良好榜樣**：在日常生活中，家長的一言一行都會影響孩子。家長自己首先要養成開朗、豁達的個性，如果家長在孩子面前總是說一些嫉妒的怨言，孩子會以為嫉妒是一種正常的行為。相反，如果家長為孩子樹立良好的榜樣，久而久之，孩子就會在潛移默化中形成豁達的個性，減少嫉妒情緒。

讓孩子告別嫉妒，孩子才會感受到生活的樂趣。

懂得愛的孩子才會快樂

一位兒童教育專家說：「只知索取，不知付出；只知愛己，不知愛人，是當前很多孩子的通病。」為什麼孩子會有這樣的毛病呢？歸根究柢，這是家長的「私愛」、「溺愛」惹的禍！

在生活中，很多家長為了表現自己對孩子無私的愛，總是無節制、無原則地滿足孩子的要求，家裡的好東西，孩子「享受」完了，才能輪到大人！更有一些家長，因擔心孩子吃虧，總提醒孩子在外面要多想自己的利益和得失，不要「多管閒事」……久而久之，孩子變得自私自利，不懂得關心別人，也缺乏同情心。他們往往會把別人的「給予」視為理所當然，但輪到自己付出的時候，卻非常不願意！這對孩子的一生來說，有百害而無一利。

葉喜泳的家境十分困難，為了供孩子上學讀書，他省吃儉用，就連自己生病了也捨不得花錢去醫院看醫生。為了讓孩子更專心讀書，孩子放學回

家，他從不讓孩子做任何家事。平時，有什麼好吃的、好穿的，也總是留給孩子。他覺得自己苦一點、累一點、受一點委屈都無所謂，但絕不能虧待了孩子。只要孩子的要求合理，他都會想方設法地滿足孩子的需求。葉喜泳如此心甘情願地付出，然而卻並未得到相應的回報。

有一年夏天，葉喜泳在建築工地上不小心摔傷了一條腿，在家休養期間，孩子竟一次也沒為他端過茶、遞過水，對他的傷視若無睹，置若罔聞，甚至還拿著他辛苦賺來的錢上網玩遊戲，在同學面前擺闊。對此葉喜泳傷透了心，後悔自己當初只知道一味地溺愛孩子，而沒有教孩子學會關愛自己的家長、關愛他人。

葉喜泳的經歷讓人心痛，也讓人深思。生活中我們常常見到類似這樣的場景：家長工作了一天，辛辛苦苦地為孩子做好飯菜，他挑肥揀瘦，嫌這嫌那；家長節衣縮食為孩子買的新衣服，他說三道四，嫌難看、俗氣；家長犧牲休息的時間，精心為孩子熬了一鍋補腦的魚湯，可孩子連看也懶得看一眼，還抱怨說：「誰愛吃就吃吧！」……

通常情況下，「愛心」與幸福、快樂是形影不離的，一個懂得「愛」的孩子，才能享受到幸福！富有愛心的孩子總是快樂的，他們與人為善，懂得同情和理解他人，關愛生命。這樣的孩子，不但自己內心祥和、安寧，還能為他人帶來陽光和溫暖，讓別人願意親近自己。

懂得「愛」的孩子長大以後必定善於合作，也更容易得到機遇的垂青。他們關心自己身邊的每一個人，喜歡幫助他人、關心同學和自己的家人、朋友。正所謂「仁愛成大事」，付出「愛」的孩子也一定能得到「愛」的回報，在他們的人生路上，一定會得到更多的關心和幫助！

懂得「愛」的孩子，情感體驗豐富，更容易看到生活中光明的一面，因此更經受得住挫折與困難。在他們遇到困難的時候，也不會因沒人幫助而陷

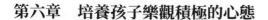

入孤立無援的尷尬中。

　　總之，讓孩子從小學會「愛」，能讓孩子一生都受益無窮。為了孩子的健康成長，為了家庭的和睦幸福，身為家長，應從小讓孩子成為一個情感豐富、懂得愛的人。

➤ **讓孩子了解什麼是愛心**：要教育孩子有愛心，你必須讓孩子懂得什麼是愛心，提高孩子的感情智力。孩子們一定要能夠識別自身不同的感情狀態，然後才能對別人的感情敏感。要及早讓孩子明白，一顆關愛別人的心，能對別人產生良好的影響。

➤ **家長要以身作則**：家長要強化自己關愛他人的行為，孩子就能看見你對別人的「痛苦和需求」表現出來的關心。孩子的模仿能力很強，當你關心別人並採取行動時，孩子也會記住你的行為，並會進一步模仿。

➤ **鼓勵孩子多參加社會活動**：學校和家庭要為孩子提供體會不同視角的機會，比如，參觀老人院、遊民收容所等。孩子體會不同視角的機會越多，就越能對那些需要的人們表示同情，並付出自己的關愛。孩子小時候經歷關愛別人的事情越多，那麼關愛他人成為他終生習慣的可能性就越大。讓孩子定期參加一些幫助弱者的活動，使孩子們對幫助他人有親身的體驗，這不僅能培養孩子關心他人的特質，增加孩子的親和力，讓孩子養成助人、博愛的好習慣。也能教會他們許多社會技能，使他們懂得合作的重要性以及鍥而不捨、持之以恆的價值。

➤ **監督孩子們對媒體的選擇**：家長要了解你的孩子看些什麼和聽些什麼，監督孩子們對媒體的選擇 —— 電視、音樂、線上遊戲及網路，而且要關心他的服裝、語言和行為所反映的偏好。要以堅定的立場，讓孩子遠離不良媒體及不良形象。這些都會腐蝕他們的愛心與同情心的發展。

> **多講一些關於「愛」的故事給孩子聽**：「愛」的故事可以讓孩子沐浴著「愛」的祥和之光，有助於孩子快樂成長。

總之，家長平時要注意對孩子一點一滴的培養，一言一行的引導，使孩子了解「愛」，感受「愛」，並學會「愛」，那麼，「愛」的種子就會在孩子心頭扎下根，並會隨著孩子的成長而不斷擴展和升騰。

▍教育孩子要大氣寬容

生活中總有這麼一些孩子，他們錙銖必較，生怕自己吃虧。因為過於追求完美，他們的眼裡容不下一粒沙子。別人有一點的毛病，他們都要橫加挑剔、指責，甚至故意疏遠、嫌棄。遇到一點點小問題他們就耿耿於懷、悶悶不樂。這樣的孩子無法虛心接受他人的批評和意見，不能容忍他人的缺點和過失，不僅自己活得辛苦，與他們相處的人也不會輕鬆。

齊莊公時，有一位勇士叫李衛耶，他一生勇猛過人，從不屈居於人下。

一天深夜，他見一個身材魁梧的壯士緊緊地追趕而且斥罵自己：「就你這副模樣也配稱為勇士？」說完還把唾沫吐在他的臉上。李衛耶氣急攻心，就大聲喝道：「是不是勇士我們決鬥不就知道了？」他正欲上前與那個壯士決鬥，誰知卻醒了，這才知道原來是一個夢。儘管這樣，他心裡依然非常不痛快，認為自己在夢中受了侮辱。

第二天一大早，李衛耶就請來朋友，把夢中受辱的事講了。最後他說：「我從小到今，60 年來都沒人敢欺侮我。這回我一定要找到夢中那個壯漢，跟他較量一番。找得到，那就好；找不到，我就沒有臉活在這世界上了！」

於是，每日清早，李衛耶和朋友一起站在路旁辨認過往行人。可是，連著好幾天都沒有找到夢中的那個人，他越想越委屈、越想越鬱悶，最後竟回家自殺了。

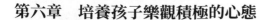

看吧！故事裡的李衛耶是一個多麼狹隘、愚昧的人呀！因為夢中的事情耿耿於懷，最終居然因此而自殺。這是多麼不值得啊！

人要生活得舒適一些，就要大氣一些，不要放心不下小事，不要計較點滴得失，不要過分地盤算此事做後與自己有多大的利益關係，更不能每天反思：自己在與人打交道時我吃了虧嗎？吃了虧別人是否會把我當做傻子看？

第一次登陸月球的太空人，其實有兩位，除了大家所熟知的阿姆斯壯外，還有一位是奧德倫。

當時阿姆斯壯所說的一句話「我個人的一小步，是全人類的一大步」早已是全世界家喻戶曉的名言。

在慶祝登陸月球成功的記者會中，有一個記者突然問了奧德倫一個很特別的問題：「由於阿姆斯壯先下去，成為登陸月球的第一個人，你會不會覺得有點遺憾？」

在全場有點尷尬的注目下，奧德倫環顧四周很有風度地回答：「各位，千萬別忘了，回到地球時，我可是最先出太空艙的。」

在笑聲中，大家給予他最熱烈的掌聲。

試想，如果奧德倫是個心胸狹窄、喜歡計較的人，他將很難面對這樣尷尬的處境，可能還會說出一些沒有風度的話來，這樣，不僅讓別人下不了臺，也讓自己下不了臺。所以，大氣、不過於計較得失不但是一種修養，更是一種美德。

其實，吃虧點又有什麼關係呢？助人就是助己，多付出一點對自己並沒有害處，今天種下助人的種子，總有一天會結出甜美的果實，最終受益的還是自己。

戰國時期，梁、楚兩國相鄰。梁國邊境縣的縣令一職由梁國的大夫宋就擔任。

梁、楚兩國的邊境都沒有界碑。兩國邊境的老百姓各自種了一塊瓜田。梁國邊境的百姓十分勤勞，肯吃苦，適時地為瓜田澆水灌溉，他們種的瓜長勢很好。而楚國邊境的百姓比較懶惰，為瓜田澆水灌溉的次數少，他們種的瓜長勢不好。

楚國邊境的百姓看到梁國邊境的瓜田長得綠油油的，比自己的瓜田長勢好，十分妒忌，就在夜間偷偷去扒亂梁國瓜田裡的瓜秧，使梁國瓜田裡的瓜秧有的枯乾而死。

不久，梁國邊境的百姓發覺這件事，就向縣尉請求：允許他們也偷偷到楚國的瓜田，扒亂瓜秧，進行報復。

因為這件事可能造成兩國邊境事端，事態嚴重，縣尉不敢擅自做主，便去請示縣令宋就。

宋就知道了以後，說：「唉！這是什麼話！這是結怨招禍的辦法，如果真的這樣做了，對雙方都沒有好處。讓我教你處理這件事的辦法，你必須每天夜晚派人前去，偷偷地幫楚國邊境的百姓澆灌瓜田，而且不可以讓他們知道。」

縣尉聽了，只好把縣令的話轉告給了老百姓。百姓們更不明白這其中的意思，但既然這是縣令的命令，便照做了。

於是，梁國邊境的百姓就在每天夜裡前去，偷偷地澆灌楚國邊境的百姓的瓜田。楚國邊境的百姓早上到瓜田裡一看，發現已經澆過水了。就這樣，在梁國邊境的百姓的幫助下，楚國邊境的百姓的瓜田長勢一天比一天好起來。楚國邊境的百姓感到奇怪，便暗中察訪，這才知道原來是梁國邊境的百姓幹的。

楚國邊境的百姓大受震撼，便把這件事向縣令報告了，縣令聽後很高興就把這件事報告給了楚國朝廷。

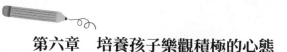
　　楚王聽了這件事，感到很慚愧，知道自己的百姓糊塗，做了錯事，就對縣令說：「你們邊境的百姓除了扒亂人家的瓜秧，就沒有其他罪過嗎？」楚王的言外之意是要求縣令嚴格地約束部下，檢查有沒有其他向對方挑釁的事件。

　　楚王對梁國人能暗中忍讓非常敬佩，便派人帶著豐厚的禮品向梁國邊境的老百姓道歉，並請求與梁王來往。

　　此後，楚國與梁國關係融洽，而兩國交好的開端，便是故事中的瓜田事件。

　　結怨招禍的辦法，對雙方都沒有好處。聰明的宋就明白這其中的厲害，懂得與其以怨抱怨，引起兩國的爭端，使老百姓遭殃；還不如以德報怨，大氣一些，讓對方明白自己的錯誤，這不但能化解糾紛，還能讓雙方的關係變得融洽，何樂而不為呢？

　　大氣寬容，能讓人的心態變得更加平和。一個大氣寬容的人，總能營造出溫馨、團結的氛圍，使與其相處或者共事的人身心舒暢，讓大家喜歡與他打交道；一個寬容大氣的人，總能設身處地地為別人著想，所以總是讓人覺得貼心、舒服。這樣的人，即便有一些缺點，他人也願意包容。一個大氣寬容的孩子必定會快樂一生！

▎要接受不可改變的現實

　　任何人的一生都不會是一帆風順的，正所謂「人生不如意事十之八九」。所以，身為家長，必須要教會孩子正確面對生活中的挫折，學會接受不可改變的現實。尤其是對於那些性格內向的孩子來說，培養他們接受不盡如人意的現實很重要，因為相對於其他的孩子來說，他們更容易「受傷」，更需要有接受不可改變的現實的勇氣。

要接受不可改變的現實

珍子是日本人，她家裡世代採珠，她有一顆珍珠，是她母親在她離開日本赴美求學時給她的。

在她離家前，母親鄭重地把她叫到一旁，交給她這顆珍珠，並告訴她說：「當女工把沙子放進蚌的殼內時，蚌覺得非常不舒服，但是又無力把沙子吐出去。所以蚌面臨兩個選擇，一是抱怨，讓自己的日子很不好過；另一個是想辦法把這粒沙子同化，使它跟自己和平共處。於是蚌開始把牠的精力營養分一部分去把沙子包起來。當沙子裹上蚌的外衣時，蚌就覺得它是自己的一部分，不再是異物了。沙子上的蚌成分越多，蚌越把它當做自己，就越能心平氣和地和沙子相處。」

母親進一步啟發她道，「蚌並沒有大腦，牠是無脊椎動物，在演化的層次上很低，但是連一個沒有大腦的低等動物都知道要想辦法去適應一個自己無法改變的環境，把一個令自己不愉快的異己，轉變為可以接受的自己的一部分，人的智慧怎麼會連蚌都不如呢？」

尼布林有一句有名的祈禱詞：「上帝，請賜給我們胸襟和雅量，讓我們平心靜氣地去接受不可改變的事情；請賜給我們力量，去改變可以改變的事情；請賜給我們智慧，去區分什麼是可以改變的，什麼是不可以改變的。」是的，生活中充滿了不可捉摸的變數，如果它給我們帶來了快樂，當然是很好的，我們也很容易接受。但事情往往並非如此，有時，它帶給我們的會是可怕的災難，這時如果我們不能學會接受它，反而讓災難主宰了我們的心靈，那生活就會變得一片黑暗。

在荷蘭的阿姆斯特丹，有一座 15 世紀的教堂，教堂的廢墟裡有一塊石碑，石碑上刻著這樣一句讓人過目不忘的題詞：「既已成為事實，只能如此。」就是要人勇於接受不可改變的現實。

科學家塔克斯總是說：「人生加諸我的任何事情，我都能接受，只除了

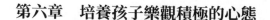
一樣，就是瞎眼。那是我永遠也沒有辦法忍受的。」然而，在他 60 多歲的時候，他患了白內障，他最害怕的事情終於發生了。塔克斯在自怨自艾了半年後，突然醒悟道：「我發現自己能承受失明，即使是我五種感官完全喪失了，我還能夠繼續生存在我的思想裡，在思想裡看，在思想裡生活。」

為了恢復視力，塔克斯一年之內接受了 12 次手術，他知道沒有辦法逃避，唯一能減輕痛苦的辦法就是欣然承受。

這件事使他了解到，生命所能帶給他的沒有一樣是他不能忍受的，對於現實他自己是這樣說的：「瞎眼並不令人難過，難過的是你不能忍受瞎眼。」

很多時候，你只能選擇其中之一，你可以在那不可避免的暴風雨下彎曲身體，或者因抗拒它們而被摧折。所以，當我們無法改變失敗和不幸的厄運時，要學會接受它、適應它。因為事情本身並不能使我們快樂或悲傷，我們的反應才能決定我們的悲歡。

莎拉·伯恩哈特曾是全世界最受觀眾喜愛的女演員，但是，她在 71 歲那年破產了，而她的醫生又在此時告訴她必須要鋸掉她那條因為摔傷而染上靜脈炎的腿。醫生在說完這一切後，很擔心地看著拉莎，怕她接受不了。然而，事實卻出乎他的意料，莎拉·伯恩哈特只是看了他一陣子，然後很平靜地說：「如果非這樣不可的話，那就只好這樣了。」

當她被推進手術室的時候，她的兒子站在一邊痛哭，她朝他揮了揮手，溫和地說：「不要走開，我馬上就回來。」在去手術室的路上，她一直背著她曾演過的一場戲中的臺詞。有人問她這麼做是不是為了為自己打氣，而莎拉·伯恩哈特卻說：「不是的，我只是想讓醫生和護士高興，他們受的壓力可大得很呢。」

手術後，莎拉·伯恩哈特還繼續環遊世界，進行演說，使她的觀眾又為她瘋狂了 7 年。

要接受不可改變的現實

生活有時就是這樣不公平，這著實讓人不快，但確是實情。許多人容易犯的一個錯誤是，為了自己或為他人感到遺憾，他們認為生活應該是公平的，或者終有一天會是公平的。其實不然，現在不是，將來也不會是。

承認生活並不公平這一事實的好處是，它能激勵我們盡己所能，而不再自我傷感。我們知道，讓生活中的每件事情都完美並不是「生活的使命」，而是我們對生活的挑戰。承認這一事實也會讓我們不再為他人遺憾，每個人在成長、面對現實、作出種種決定或選擇的過程中都有各自不同的能力和難題，每個人都有成為犧牲品或遭到負面對待的時候。

承認生活不公平這一客觀事實，並不意味著消極應對，正因為我們接受了這個事實，我們才能放平心態、樂觀面對，從而找到屬於自己的人生定位。

比爾蓋茲曾給年輕人一個忠告：「許多殘酷的事實，我們是無法逃避和無從選擇的，抗拒不但可能毀了自己的生活，而且也許會使自己精神崩潰。因此，人在無法改變不公和不幸的厄運時，要學會接受它、適應它。」是的，孩子要走的路還很長，遇到的困難也很多，但不管怎樣，都要教會孩子坦然、樂觀地面對。只有這樣，孩子的人生才會更精彩！

第六章　培養孩子樂觀積極的心態

第七章
告別依賴，追求自立自強

　　美國著名教育專家羅伯特博士曾提出：「獨立性是現代孩子教育的十大目標之一，培養孩子的獨立性很重要。」而要讓孩子真正獨立起來，家長首先要做的就是放開緊握的手，讓孩子自己行走。只有家長捨得「放手」，才能讓性格內向的孩子早日擺脫對家長的依賴心理、獨立解決問題、自己承擔責任……擁有屬於自己的能力以及個性魅力。

孩子需要學會自立自主

在日常的生活中，我們經常碰到這麼一些家長訴說與孩子分床睡覺的苦惱。一個家長這麼說：

孩子今年都 9 歲了，卻依然不敢自己睡覺，每天晚上硬要和我們擠在一起才能睡得著。這可如何是好？眼看著孩子一天天長大了，總不能成人以後還是和我們一起擠吧？

另一個家長說：「我兒子快上國小了，這些年一直都是我陪著他睡覺，他很黏我，獨立性很差。我想讓他獨自一個人睡，所以為他布置了自己的小房間，可是每次都是說好了他自己睡，但卻做不到，而且晚上他總是不停地又哭又喊，害得我也無法好好休息，我都不知道該怎麼辦了。有哪位有經驗的朋友能出點主意？怎麼樣才可以讓他能獨自一個人睡呢？」

父母愛子，天下皆然。然而，怎樣才算是真正愛孩子呢？愛孩子不應過分地呵護、過分地嬌慣，愛孩子應該為孩子的未來著想，讓孩子知道自立的意義，培養孩子自立的能力，要「逼」著孩子學會生存。可以說，這是社會對孩子提出的要求，同時也是對家長提出的忠告。

獨生子女的家長往往對自己的孩子過分寵愛、過度保護、過多照顧、過高期望，正是這「四過」束縛了孩子的手腳，嚴重影響了他們獨立性的形成。而孩子一旦失去獨立的能力，就很容易陷入自閉的境地，而對於那些原本就內向的孩子來說，這會進一步加深他們的性格缺陷。

韓非有句名言：慈母有敗子。意即母親過分慈愛，子女不會成器。誠然，疼愛子女是家長的「天性」，也是應盡的責任，但得有個「分寸」。現在，生活水準提高了，讓孩子吃穿講究一點，也在情理之中，但切不可好過了頭。有些家長，對孩子的愛缺乏理智，愛得太過火。讓孩子茶來伸手、飯來張口，對孩子提出的要求，無論是否合理，一律應允。結果卻往往事與願

違，播下的也許是「龍種」，收穫的卻可能是「跳蚤」。為了培養獨立自主的下一代，家長應該注意以下幾點。

➤ **尊重並培養孩子的獨立意識**：1歲的孩子就有了獨立意識的萌芽，他們什麼都要來一個「我自己」：自己拿小湯匙吃飯，自己跌跌撞撞地搬小凳子。隨著年齡的增長，他們不僅要獨立穿脫衣服、洗臉洗手，而且還要自己洗手帕、洗襪子，自己修理或者製作一些玩具，甚至還想自己上街買東西、自己洗碗。對於孩子正在成長的獨立意識，家長一定要予以重視，並支持、鼓勵他們：「你只要好好學，一定能做好！」千萬不能潑冷水：「你還小，做不了！」

➤ **為孩子獨立性的發展提供條件和機會**：為了培養孩子的獨立性，必須放開孩子的手腳，讓他們去做那些應該做而且又是力所能及的事情，即使孩子做得不好，處理得不圓滿，也沒關係。有些家長總怕孩子做不好，習慣於包辦代替，習慣於指手畫腳，總以擔憂的目光注視和提醒孩子，或者乾脆替孩子掃除障礙，鋪平道路。這種態度和做法，有意無意地束縛了孩子的手腳，阻礙了他們獨立性的發展。

➤ **教給孩子獨立做事的知識和技能**：孩子不僅要有獨立意識，而且還要有相應的知識和技能，即要讓孩子不僅願意自己做事，而且還會自己做事。例如，怎樣穿脫衣服、洗臉洗手，怎樣摘菜、洗菜，怎樣掃地、擦桌子，這些教育是在日常生活中自然而然進行的。獨立性還表現在孩子讀書、與人交際等各個方面。家長要教孩子自己完成遊戲和課業，自己去和同伴互動，當孩子和同伴發生糾紛時，讓他們用自己的方式去自行解決矛盾。

➤ **讓孩子自己決策**：自己決策是孩子獨立性發展的一個非常重要的方面，我們要從小培養孩子自己決策的能力。孩子的事應該由孩子自己去思

考，自己去決斷。玩具放在什麼地方？遊戲場所怎樣布置？和誰玩？玩什麼？這些孩子自己的事，家長不要幫忙作決定，要讓孩子自己去動腦筋、想辦法、做出決策。家長可以幫助孩子分析，引導孩子決斷，但不要干涉，更不要包辦，代孩子決策。

➤ **讓孩子在時間上獨立**：對於孩子來說，最難的就是培養他們的時間觀念。因此，若能讓孩子自己形成一定的時間觀念，學會自己安排時間，合理作息，就能很好地促進他們獨立能力的形成。有一位聰明的家長，他在孩子很小的時候，就每天給孩子一段可以自由支配的時間。孩子有時玩，有時會看自己喜歡的書，有時畫畫，當然，很多時候是忙來忙去卻什麼事情都沒有做。但是，慢慢的，這個孩子懂得了珍惜時間，學會了做計畫，這可比家長要求他一定要在某個時間段要做什麼事情有效多了。

總之，培養孩子的獨立性要長期堅持，要貫穿在孩子的生活、遊戲、課業和家事中，家庭成員要有一致的態度，否則難以形成孩子的獨立性。萬一孩子碰到困難，無法獨立完成要做的事，家長應給予鼓勵和引導，必要時可給予適當幫助，但一定要堅持讓孩子自己獨立完成。當然也要注意，不能勉強孩子去完成他力所不能及的事情，這樣反而會使他喪失獨立的信心；即使孩子由於能力問題無法獨立完成他應該做的事，家長也千萬不要責備和取笑他，否則輕者會引發孩子不愉快的情緒，重者會傷害孩子的自尊心，讓孩子失去獨立的信心和願望。

溺愛會讓孩子迷失自我

高梅與別的孩子很「不一樣」，她都已經 13 歲了，卻仍像個 3 歲的幼兒一樣害羞，她不喜歡說話，不喜歡外出，甚至不喜歡面對家人。於是乎，每每放學回到家，她都把自己關在房間裡。可是，她的父母對此一點也不吃

驚，也不給予開導，而是什麼都護著她、順著她。如此這般，高梅越來越害羞、越來越內向。

君不見，吃橘子由家長剝皮、上學由家長背書包、參加活動培訓由家長陪同……這種「家長過分溺愛孩子、孩子過度依賴家長」的現象像流行病一樣在很多家庭蔓延。現在的孩子都是一根獨苗，被家長捧在手裡、貼在胸口、含在嘴裡，而家長樣樣事情都包辦代替 —— 背書包、拿水杯……有些家長對孩子的一切一手包辦，連孩子力所能及的事情都捨不得讓他們做，比如，孩子已經會用湯匙吃飯了，仍要餵孩子吃飯；孩子已經七、八歲了，仍要和家長同床入睡。家長甚至將孩子的活動範圍也完全限制在自己的視線內。

家長們疼愛孩子的心情是可以理解的，但某些家庭把全家的注意力都集中在孩子身上，對他們百依百順、愛護備至，孩子會做的事，也代他們做，這就是溺愛。溺愛者，損害也。英文「Spoil」，意即溺愛之後的損害。

愛是什麼？愛是理解，是呵護，是寬容，是人類最基本的情感需求，是健全人格的基礎，是我們生命中的陽光和雨露！在所有的愛當中，家長對孩子的愛無疑是最無私、最偉大、最有犧牲精神的。然而，也正是這種人類最偉大的愛，卻在今天的社會中，偏離了方向，讓許多孩子漸漸迷失了自我。

曹鳳玲的媽媽與亞洲的大多數家長一樣，為了曹鳳玲的成長和課業，省吃儉用、節衣縮食，每天為曹鳳玲操勞，買各種玩具、電子琴、鋼琴，甚至為她請家教，不讓曹鳳玲受一點點委屈、吃一點苦……

而曹鳳玲也是一個乖巧、聽話的孩子，媽媽說什麼，她就做什麼！讓曹鳳玲的媽媽省心極了！

曹鳳玲高中畢業以後，媽媽把自己辛辛苦苦存下來的 100 萬元拿了出來，讓曹鳳玲到國外留學。

第七章　告別依賴，追求自立自強

　　媽媽剛把曹鳳玲送走一個星期，有一天下班她回到家裡，被嚇了一跳，她的寶貝女兒居然在家裡看電視，曹鳳玲的媽媽驚訝極了！

　　原來，曹鳳玲剛到國外，首先遇到的就是「語言不通」這一困難！她的那點英語能力實在是讓人不敢恭維。再加上她在家的時候就不大懂得與人交流，所以，根本找不到一個可以幫忙的對象。所以，只要一遇到事情，她就只能手足無措地打電話回家哭訴。

　　最後，她終於受不了，就買了張機票回來了。

　　看著自己嬌氣的「千金」，這位媽媽欲哭無淚。到這個時候她才明白，正是自己無節制、包辦的「愛」，讓自己的孩子變得「無能」，遇到問題沒有辦法自己解決，只會退縮回來求助。她真後悔自己昔日的那些行為！可是，後悔又有什麼用呢？

　　在生活中，這樣的例子還有很多很多，孩子之所以變得「迷失自我」，正是家長惹的禍！

　　真正的愛從來都不是無度、沒有原則的。沒有原則的愛，實際上是對愛的一種褻瀆，是扭曲的愛，並不是真愛，不僅無法讓孩子健康成長，還會「毀人不倦」。真正的愛應該是理智、克制、包容！真正愛孩子的家長，不論在任何時候，都會始終不渝地關心孩子的成長，關心孩子的身心健康。不論他們是得意還是失意，是躊躇滿志還是焦頭爛額，是成功還是失敗，都能堅持對孩子的真愛。讓孩子感受到家長在關心他、支持他，是他的堅實後盾……一個真愛孩子的家長，不僅能讓孩子感到快樂、安全，更會用自己的愛去培養和引導孩子愛別人的特質！從而變得更加勇敢、堅強、富有責任感！

　　「愛」如此重要，可是，為什麼有些家長就是不懂得「適度」地給予呢？歸納起來，有以下幾方面原因：

➤ **滿足自己的需求**：溺愛孩子的一個重要原因是，在家長的自我概念中，除了「孩子的家長」，還有一個「內在的小孩」。他們在自己小時候「物質上很貧乏」，或者得到家長的關心不夠，因此時時告誡自己：「我一定不能讓我的孩子和我小時候一樣，我要讓他成為最幸福的孩子。」當家長將自己「內在的小孩」投射到現實中自己孩子的身上，無節制地滿足孩子的時候，實際上就是無節制地滿足自己。這種無節制的愛，最終往往會變成毀滅孩子的溺愛。

➤ **隔代教養**：隔代教養的祖父母往往比父母更為溺愛孩子，除了那份血濃於水的親情，他們可能還會擔心不滿足孩子的要求，照顧不好孩子，會讓子女認為自己「不盡責」，因此會極盡所能寵愛孩子。另外，有些祖父母對孩子的責任感比較缺乏，所以只知溺愛孩子，不顧孩子品格、能力的培養。

➤ **怕傷了孩子的心**：有些孩子一旦家長不答應他的要求，他就哭得滿地打滾，看得家長心疼得不得了，所以什麼原則等，即刻就忘了，家長只想盡快安撫孩子，甚至不計一切後果地滿足他的要求。

➤ **彌補愧疚**：有一些家長因為忙，很少陪孩子，覺得自己的孩子在某些方面享受不到其他孩子的同等待遇等，於是愧疚的家長就千方百計地滿足孩子，只要是他們能做到的，他們就不會拒絕孩子。

➤ **怕孩子受苦**：「別人有的，我家孩子怎麼能沒有？」抱著這樣的心態，家長生怕孩子比別人多吃一點苦，所以就不講原則地溺愛孩子。

➤ **認為孩子還小**：覺得孩子還小，和他講道理也不懂，不如圖個痛快滿足孩子的要求，寄希望於孩子長大了就自然能明白一切，現在讓孩子任性一點、不講道理一點、自我一點也無妨。

　　正是以上的種種心理，造成了家長對孩子的無節制的溺愛與縱容。這實在很值得我們反思。

　　溺愛的「溺」字含義深刻，「溺」字由水和弱構成，一味溺愛的結果就等於把孩子扔到水裡，周圍沒有任何救援人員和救援措施，孩子又不會游泳自救，於是孩子的命運只有一種：必死無疑。就現實而言，孩子的人生其實就是在茫茫人海中不斷求取自己的立足之地和生存之機的過程，如果缺乏競爭力，就只有被淹沒在人海人流中的危險。「愛子之心，人皆有之」，孩子感受到家長的愛，就會歡喜地接受家長的教導，這就使家長對孩子的教導容易取得成功。但是，如果愛得不得法，對孩子過分溺愛，不但無法促使孩子健康成長，反而會使孩子養成種種不良的習慣，甚至毀了孩子的一生。所以，家長必須懂得「溺愛猛於虎」的道理，規範自己的教育行為，做到愛有分寸，嚴慈有度，愛而不縱，嚴而不苛。這樣，我們的孩子才能健康、科學地成長。

▍確保孩子從心理上斷奶

　　這是一個真實的故事：

　　2001 年 1 月 29 日至 2 月 23 日，亞洲一所頂尖大學電機系學生先後數次用濃硫酸和氫氧化鈉燒傷動物園裡的三隻黑熊，一隻棕熊和一隻馬熊，被警察機關抓獲，此事引起了社會的廣泛關注，討論的焦點集中於當代大學生的教育、家庭教育中對孩子的心理健康輔導、動物權利立法等不同方面的問題。

　　一位精神衛生研究所醫師介紹，他從小和媽媽相依為命，媽媽把所有的希望、尊嚴都寄託在他身上。媽媽對他管得很嚴，什麼能做、什麼不能做都有規定。他性格十分內向，沒有一點自我意識，這是十分危險的。

確保孩子從心理上斷奶

　　某師範大學心理學教授說，我們的孩子，從小到大，所有的行為都是靠外力控制。在家有家長，在學校靠老師。孩子生活上不能自理，行為上不能自控，最終導致他們的情緒飢餓。這位學生看起來就是這樣的孩子。他從小缺少快樂，除了讀書，他不貪玩、不打不鬧，沒有任何愛好，性格內向，沒有很好的朋友。如果他在學校裡能夠得到快樂的補償也好，但我們的學校注重的是升學率，是好的成績，是聽話的孩子。只要課業好，不出大格，沒有人關心他內心是否痛苦。這反映了學校對學生的評價標準有問題。這位學生的問題發生後，他的老師同學都很吃驚，其實他就像個小孩子一樣，在認知發展上是有缺陷的。他缺少的不是學習數理化的能力，而是情緒、性格發展上幼稚、不成熟。從心理學上講，情緒壓抑太久，就會扭曲地表達出來。

　　面對記者的採訪，他的老師認為：「孩子之所以犯這種錯誤，是因為家長、學校、社會都忽視了他的心靈，尤其是家長，當初如果能察覺到孩子內向性格的特徵的話，應早一些給予開導，也就不會發生這樣的事情了。」給孩子自由成長的空間，讓他們在心理上斷奶，是專家們的共識，尤其是對於內向的孩子來說，他們的心理比較脆弱，更需要盡快斷奶。

　　誠然，從醫學的角度分析，在孩子的成長過程中，有兩個「斷奶」時期，即生理斷奶期和心理斷奶期。生理斷奶期在孩子一歲左右的時候，而心理斷奶期則一般在孩子長到青春期時。日本心理學家西平直喜認為，在競爭日漸激烈的當今社會，孩子要完成心理上的斷奶所需的時間比以前要更長一些。心理斷奶通常可分為兩個階段，第一次心理斷奶是指脫離家長、消除依賴性；第二次心理斷奶強調的則是斷奶後應該培養其獨立性。如果第二次心理斷奶遲遲無法結束，那麼，對孩子而言，這也許是一場災難。

　　心理學家研究發現，處於心理斷奶期的孩子，感情波動最大，他們嚮往獨立卻又難以自立，常自以為已經長大成人而不再對家長言聽計從，但在行

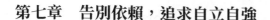

第七章　告別依賴，追求自立自強

　　動上卻常表現得幼稚而偏頗。其實，家長只要掌握好分寸，別讓孩子沾染不良習慣，就可以讓孩子順利度過心理斷奶期。

　　但是，很多家長在孩子青春期時，並不注意培養孩子的獨立意識，他們甚至不讓孩子有獨立的思想，以至於孩子一直處在家長的庇護下……

　　心理無法斷奶的孩子，難以有良好的社會適應能力，他們承受挫折的能力、面對壓力的能力都很弱。在生活中稍有不如意，就可能對自己、對生活失去信心，或者自暴自棄，或者怨天尤人，如果長期遭受挫折、壓力等，又無法自行調節，那麼就可能產生憂鬱、煩躁、焦慮等一系列心理問題。

　　有人對某國小學生的自理能力進行調查，結果發現家長每天為孩子整理書包的占38%，洗手帕的占66%，洗腳的占52%，穿衣服的占59%，家長不陪讀就不做作業的占47%，不會做作業而常由家長代替的占38%，而只有一個學生是獨立完成作業的，因為他的家長是文盲。由此可見，孩子心理不斷奶，首先要從家長身上找原因。其實，有時候，家長完全沒必要什麼事都去幫孩子，應該讓孩子學會自己去做。孩子並不像大人想像的那樣脆弱，孩子其實可以做很多事情，只是因為家長的溺愛，而剝奪他們自立的能力。

　　為了讓孩子從心理上斷奶，美國家長往往讓孩子從嬰兒時期起就獨居一室，等他們長到三、四歲時，有了想像力和恐懼感以後，也會鬧著和家長一起睡。此時的家長不是讓孩子和他們一起睡，而是想方設法讓孩子獨居一室而不害怕。他們所採取的措施包括：讓帶有家長氣息的大襯衫陪伴孩子，讓孩子的布狗熊陪伴他，或者開一盞小夜燈，讓孩子安心入睡。而訓練孩子自主進食則從孩子長至六、七個月時就開始了。你可以看到小嬰兒用雙手乃至雙腳，像可愛的小無尾熊一樣捧著奶瓶喝水；又或者是坐在嬰兒椅中，用湯匙甚至手抓吃輔食，弄得滿臉都是豬肝泥和玉米糊。美國家長寧可孩子弄髒桌子和地面、把自己的衣服和臉蛋「糟蹋」得像個大花貓也絕不去餵孩

子，而是一定要讓孩子學會自主進食。在冬天，大部分美國家庭會帶著孩子外出滑雪，家長會教孩子依據山坡的走向來判斷雪深和滑速；在每一個拐彎點和「迫降點」上判斷後面會不會有滑速更快的人「追尾」。一些小滑雪能手還被家長帶出去「夜滑」，教他透過觀察星空來判斷滑道的方向。外出旅行時，家長會讓孩子觀察山澗的水勢，教會他尋找最淺、水流較緩的涉水點，以安全地徒步通過。上山時，他們不會讓孩子坐纜車，而是教孩子看地圖選擇登山路線，並根據路線來確定自己要不要帶保護繩和拐杖、帶足夠的食物和飲用水。經過多次跋山涉水的鍛鍊，孩子逐漸會成為膽大心細的小冒險家。

是的，在解決孩子心理斷奶的問題上，需要家長的不斷努力，尤其是對於那些性格內向的孩子，家長更需要給予高度的重視。在此過程中，最重要的是，家長要學會放手，要讓孩子獨立承擔風雨，要讓孩子獨立面對困難。只有這樣，孩子才會有一個美好的未來。

▍自己的事情自己做決定

「生命的價值在於選擇。」但家長常常忘記這一點，他們不讓孩子去做選擇，總是忍不住要替孩子做選擇。於是，孩子只能按照家長的決定去做。那麼，這些決定越正確，其窒息感就可能越強。一方面，孩子獲得的資源越來越多，能力也越來越強，但另一方面，他的生命激情卻會越來越低。當他們感受到這一點，於是想對家長說「不」，但他們又一直被教育聽話，所以連「不」也不會說了，只好用被動的方式去接受。

邢海銘是一名理工科系的大二學生，因為自己成績較差，被學校勒令退學。他表示學校取消他的學籍他毫無怨言，他只怨家長當初在他學測時包辦了他的志願，才導致了現在的結果。

205

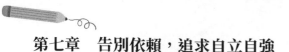

第七章　告別依賴，追求自立自強

　　原來，邢海銘在兩年前填報學測志願的時候，由於個人興趣與學科優勢在文組，所以他想填的是與文組相關的科系。但是，他的父親認為只有唸理工科才有前途，執意要求邢海銘把志願改為機械與動力工程學，再加上邢海銘的性格有些內向，也就選擇了服從。後來，邢海銘在學測中考出了近 15 級分的優異成績，順利被大學機械與動力工程系錄取。由於他所學的科系對物理知識掌握度的要求比較高，邢海銘一入校，在專業學科上就感覺非常吃力。再加上邢海銘對現在所學領域沒有興趣，他逐漸陷入惡性循環中：越學不好就越沒有興趣，越沒有興趣就越學不好。大一下學期，一學年累積下來的學業上的問題在期末考試中全部顯現出來，他共有四門學科考試沒有通過需要重修。校方根據規定，原本要開除其學籍，但是考慮到該同學有改過的覺悟，就給了他一次重修的機會，要求他四門重修課中至少要有三門能夠通過補考。可是在補考中奇蹟沒有出現，邢海銘僅通過了兩門補考，學校只能勸其退學。

　　邢海銘後來還稱：「在填報志願的問題上，我和我的同齡人都沒有什麼自主權，一般是由家長決定。他們做決定最重要的依據是班導師的意見，我們的興趣和意願僅僅是參考。當然，班導師的意見一般是以我們的基本情況為基礎的，但是如果我們的要求和家長的決定有出入甚至背道而馳時，最後總是我們屈服於家長的壓力，選擇家長認為合適的科系。」

　　一個人不能選擇自己喜歡做的事情是痛苦的，家長應該明白：孩子也是人，也有自己的喜好，強迫他們去做不願做的事情，孩子就會不開心。如果一味地讓孩子按家長的意圖去行事，就可能引起孩子的敵對情緒和反抗，這樣孩子就很難把事情做好。

　　有研究顯示，總是由家長代做決定的孩子，長大後常常缺乏判斷力和選擇的能力，而且缺乏責任感，甚至不知道如何對自己負責。

自己的事情自己做決定

一名知名作家的兒子曾經在某大學就讀新聞系，後來，兒子想放棄新聞系，學習中文，對此，他非常開明，選擇了尊重兒子的決定。

他是這樣記錄這件事情的：

2001 年冬，我去參加了作家代表大會，住在奧林匹克飯店，離兒子讀書的地方不算太遠。兒子到飯店來看過我幾次，有一次是和外甥、侄女一起來的。我們一起吃飯、喝啤酒，兒子顯得有些悶悶不樂。在我將離開的前一天，兒子來為我送行。與我同住一室的室友上街去了，宿舍裡就我們父子倆。

兒子很久很久都沒有說話。

我耐心地等待著。

終於，兒子下定了決心，說：「爸爸，我想跟你商量一件事。」

我說：「你說吧！」

「我不想在這裡讀書了。」

我大吃一驚，但很快就鎮靜下來了，溫和地問：「為什麼呢？」

「爸，我想學中文，新聞課程……可學的東西不多，真的。我想重新參加明年的學測，然後好好地讀幾年書，打好基礎。」

「可在這裡的時光就白費了。」

「不，沒有白費，我認識了不少人，累積了不少的生活經驗，我想，對於寫作是有用的。」

我又一次點了點頭。我覺得兒子的決定不是草率的，他能下這樣的決心，我是打從心底欣賞的。「好。離學測還有幾個月，你就背水一戰吧！」

兒子燦爛地笑了。

這年寒假，兒子把所有的行李都帶回來了，然後進入一個學測衝刺班，開始了他人生的一場真正搏鬥。

幾個月過去了，兒子信心滿懷地又一次參加了學測，最終被某知名文理學院中文系錄取。

一個人的主動性往往是從內心產生的，如果是被強迫做一件事情，常常會口服心不服，缺乏主觀能動性，而如果是自己經過考慮後做出的決定，他就會堅持不懈地去追求，直到成功。家長應深知這一點，在對待孩子的意願時，千萬不能強迫孩子，否則，你就是做一個天天督促孩子的勤快家長，孩子也不可能因此而奮發圖強。

高爾基說過：「愛孩子，是母雞都會做的事。」但家長的觀念不同，愛的方式也就不同，建議家長們不妨嘗試：大人「放手」小孩「動手」的教育方式，孩子能夠做的事絕不包辦，要對孩子說：「自己的事自己做，自己的事自己決定。」只要不是原則性的問題或危險的事情，家長都可以放手讓孩子自己做決定，而且要多提供機會，讓孩子自己做決定，並且是真正的自己做決定。在此過程中，家長千萬不要左右孩子，要給予孩子單獨思考、學習和玩耍的時間和機會，這樣，孩子才能成為一個獨立、有主見的人。

▌培養孩子獨立思考的能力

著名科學家愛因斯坦說過：「學會獨立思考和獨立判斷比獲得知識更重要。不下定決心培養思考習慣的人，便失去了生活的最大樂趣。發展獨立思考和獨立判斷的一般能力，應當始終放在首位，而不應當把獲得專業知識放在首位。」可見，在家庭教育中，家長注重培養孩子勤動腦、獨立思考的習慣，無異於給孩子的能力裝上了「驅動器」，在「未知」的驅動下，你的孩子必然能成為一個優秀而傑出的人才。

當前，我們已經處在一個資訊時代，處在一個知識爆炸的時代，在客觀上對每個人的思考能力提出了挑戰。同樣，對於孩子來說，越有思考能力，

求知欲望就越強，終身學習的能力就越強，創造力就越強。這必定會使他與時俱進，備受社會的歡迎。

縱觀世界上那些有傑出貢獻的人，他們都有一個共同點，那就是善於思考。

笛卡兒是法國 17 世紀偉大的科學家。他的興趣很廣泛，在哲學、物理學、數學等方面都取得了很大的成績。我們現在就說說他的數學成就，即他對解析幾何學的貢獻。

笛卡兒出生於一個貴族家庭，幼時喪母，父親非常溺愛他。他身體不好，父親就和學校商量，每天早上讓他晚點起床，好多休息一下子。後來，笛卡兒就養成了在床上沉思的習慣。據說，笛卡兒的許多發現都是早上在床上思考得到的，這裡面就包括解析幾何。

有一次，笛卡兒生病臥床，這又是他思考問題的好時機。身體躺在床上休息，腦子可沒閒著。這些日子，他正被這樣一個問題困擾著：代數裡面的方程式等都是很抽象的，而幾何裡面的圖形卻是很直觀的，要是能把「數」和「形」結合起來，在代數和幾何之間架設一座橋梁，那該多好啊！可是，這座橋在哪裡呢？在哪裡呢？

突然，他看見屋頂上的一隻蜘蛛拉著絲垂了下來。過了一下子，蜘蛛又順著絲爬了上去，在屋頂上左右爬行。

笛卡兒看到蜘蛛的「表演」，突然大受啟發。他想，可以把蜘蛛看做一個點，牠在屋子裡上、下、左、右運動，能不能用數字，把蜘蛛在某一個時刻的位置表示出來呢？他又想，屋子裡相鄰的兩面牆，再加上地面總共可以交出三條直線，如果把地面的牆角作為起點，把交出的三條直線作為三個數軸，那麼空間中任何一點的位置，不就可以在這一根數軸上，找到三個對應的有順序的數位來表示了嗎？

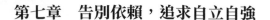

第七章　告別依賴，追求自立自強

傳說未必可信，但是笛卡兒創立解析幾何學的功勞是不容懷疑的。

1637 年，笛卡兒出版了《幾何學》這本書。在書中，他把坐標系引入了幾何學，將幾何和代數完美地結合在一起。從此，很多抽象的代數問題和繁複的幾何問題就容易解決了。後來牛頓把這門數學分支命名為「解析幾何學」。

笛卡兒之所以取得如此輝煌的成就，與他從小養成的善於思考的習慣是密不可分的。由此可見，培養孩子獨立思考的習慣是多麼重要。

沒有獨立思考能力的孩子，就沒有獨立性。

身為家長，應從以下方面培養孩子的獨立思考能力：

➤ **培養孩子的創造力**：這對孩子形成獨立的個性，表現有創新意識的思維、舉動很重要。家長不能因為孩子小，需要成人照顧，而把他看成是成人的附屬品。孩子也是一個完整獨立的個體，應該允許他有自己的世界，有自己的空間。有句話說：「什麼樣的家長會教出什麼樣的子女。」因此，在家長努力啟發孩子創造力的時候，不要忘了同時培養自己的創造力，使家長成為能欣賞創造力，並能與孩子的創造力互動的主力。因此，不必在孩子與孩子之間製造競爭壓力，也不必為了培育創造力，將家庭生活弄得緊張、沉重。真正成功的創造力培養者，能與孩子一起學習、一起成長，能像一個摯友般傾聽孩子的心聲，了解孩子的想法，知道何時給他掌聲，何時扶持他一把。

➤ **家長要引導孩子獨立思考**：許多孩子在遇到疑難雜症時，總希望家長給他答案。如果家長對孩子有問必答，雖然解決了孩子當時的問題，但從長遠來說，孩子會養成依賴家長的習慣，遇到問題時不會獨立思考，不會自己去尋找答案，這對發展孩子的智力沒有好處。聰明的家長在面對孩子的問題時，會啟發孩子去思考，去分析，去運用自己學過的知識和

經驗，或透過看書、查參考資料等，讓孩子自己去尋找答案。孩子在尋找答案的過程中，思維能力就會得到提高。如果孩子實在無法獨立解決問題，家長可以示範，透過請教他人、查閱資料、反覆思考等方法，讓孩子學習思考的方法，這對孩子的影響是非常大的。

➤ **讓孩子學會思考**：家長在與孩子相處或交談時，要經常以商量的口氣，進行討論式的協商，並留給孩子自己思考的餘地，要給孩子提出自己想法的機會。家長可根據交談內容經常發問，如「這兩者有什麼關係？」「你覺得怎麼做會更好？」「你的想法有什麼根據？」等問題，以引起孩子的思考。對於已上學的孩子，可採用啟發式，誘導孩子逐步展開思考。當孩子在想問題時，家長不要太心急，應該留給孩子足夠的思考時間，尤其不要輕易把答案告訴他們。孩子答錯了，可用提示性的問題幫助他們思考，啟發他們自己去發現和糾正錯誤。

▌讓孩子肩負起人生責任

責任感是一個人日後能夠立足於社會、獲得事業成功與家庭幸福的至關重要的人格特質。托爾斯泰認為：「一個人若是沒有熱情，他將一事無成，而熱情的基點正是責任心。」在日常工作、生活中，我們常見到一類人，他們頭腦聰明，也很能幹，卻工作平平，甚至常出紕漏。究其原因，周圍人的共同看法是，此人缺乏責任感；相反，另一類人並無過人之處，但做事目標明確，堅毅果斷，敢作敢當，事業有成，與其共事的人也很信任他，具有良好的信譽。為什麼？那是因為他們對人、對事、對工作有強烈的責任感。可見，責任感的培養是一個人健康成長的必經之路，也是一個成功者的必備條件。不少研究顯示，兒童階段是責任心形成和發展的關鍵時期，無論學校、家庭、社會都應重視對孩子進行責任意識的培養。

第七章　告別依賴，追求自立自強

　　一個 11 歲的美國男孩在踢足球時，不小心將鄰居家的玻璃打碎，鄰居憤怒不已，向他索賠 12.5 美元。這 12.5 美元在當時可謂是天文數字，足夠買下 125 隻生蛋的母雞了。男孩把闖禍的事告訴了父親，並且懺悔。見兒子為難的樣子，父親拿出了 12.5 美元，說：「這筆錢是我借給你的，一年後要分毫不差地還給我。」男孩賠了錢之後，便開始艱苦地打工。終於，經過半年的努力，他把這「天文數字」分毫不差地還給了父親。這個男孩就是後來的美國總統羅納德・雷根。他還回憶說：「透過自己的勞動來承擔過失，使我懂得了到底什麼是責任。」

　　有些家長認為：孩子畢竟是孩子，還小，樹大自直，長大了自然就有責任感了。豈不知，孩子的責任感是應該從小培養的。平時對孩子嬌生慣養，百依百順，不捨得放手，事無鉅細，都替孩子想到做到，很難想像他們長大後能體諒父母、關心他人、有強烈的責任感。

　　一群老鼠吃盡了貓的苦頭，於是牠們召開全體會議。大會的口號是「集思廣益、解除貓害」，會上，大家踴躍發言，大會氣氛十分熱烈。

　　眾鼠冥思苦想，有的建議培養貓吃魚、吃雞的習慣，有的建議加緊研製毒貓藥，有的說……最後，還是一隻老奸巨猾的老鼠想出了一個令大家都五體投地的主意，就是在貓脖子上掛一個鈴鐺，這樣，貓一動就會有響聲，大家就可以事先得到警報，躲藏起來。

　　牠的建議全票通過。可新的問題又接踵而來，讓誰去往貓脖子上掛鈴鐺呢？為了激發眾鼠的熱情和勇於冒險的精神，高薪獎勵、頒發榮譽證書等辦法想了一個又一個。不過，無論出什麼高招，始終不見一個老鼠挺身而出。至今，老鼠們還在為誰去往貓脖子上掛鈴鐺的事爭論不休呢。

　　現實生活中，面對各種困難，許多孩子就像故事中的老鼠一樣，要嘛擺出一副運籌帷幄、決勝千里的架勢；要嘛高談闊論，似乎所有問題在他們

面前都可以輕易解決。然而，在具體執行中，他們就開始瞻前顧後、焦慮不安，有的不敢承擔責任，有的甚至退避三舍。

　　一個只知推卸責任的人很難有所成就。如果在需要你承擔重大責任的時候，你不能馬上去承擔它，或不習慣這樣去做，即使等到條件成熟後，你也很難承擔起重大的責任，很難做好重要的事情。

　　那麼，家長該如何培養孩子的責任感呢？

➤ **以肯定的方式來建立孩子的責任感**：如果孩子突然對掃地產生興趣，儘管最初的興趣可能完全源於好玩。父母也要支持孩子的這一興趣，並對他的掃地行為予以表揚，誇孩子能幹，激發他的自豪感，並引導其慢慢形成習慣，天長日久，孩子就會自然而然地把這些看成是自己的責任。

➤ **父母在家中要為孩子樹立好的榜樣**：在孩子面前，父母首先要做一個勇於承擔責任的人。「言必行，行必果」，父母以身作則，這樣才能要求孩子負責任。

➤ **要求孩子做事有始有終**：良好的責任感是靠堅強的意志力和持之以恆的態度來維持的，而這恰恰是許多孩子所欠缺的。孩子好奇心很強，興趣愛好很廣泛，但是缺乏堅持性、自制力，遇到一點困難和挫折就容易打退堂鼓，不願意再堅持下去。這是孩子在成長中的常見問題。因此，為了增強孩子的責任感，父母平時就應當注意培養孩子做事有始有終、負責到底的良好習慣。

➤ **讓孩子自己記下要做的事情，學會對自己的事情負責**：孔孔家要求每個人洗澡後把換下的衣服放進洗衣機，但 6 歲的孔孔經常忘記，媽媽讓他用本子記下洗澡後該做什麼事，提醒自己不要忘記。從此以後，孔孔再也沒有忘記把髒衣服放進洗衣機，他為自己的進步感到自豪。可見，當

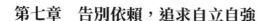

要孩子記住做某事時，與其大人經常提醒，還不如讓孩子自己記下要做的事情，這樣孩子就能慢慢地學會對自己的行為負責。孩子只有學會了對自己的事情負責，才能逐步地發展為對家庭、對他人、對團體、對社會負責。

➤ **讓孩子對自己的某些行為造成的不良後果設法補救**：如孩子損壞了別人的玩具，一定要讓孩子買了還給人家，也許對方會認為損壞的玩具沒多少錢，或認為小孩子損壞玩具是常有的事，或者不好意思收下孩子的賠償，但家長應堅持讓孩子給予對方補償，這樣可以讓孩子知道，誰造成不良後果，就該由誰負責。

➤ **讓孩子在挫折中學會承擔**：孩子處於成長之中，對一些事情表現出沒有責任感也是正常的，因為許多時候他不知道責任是什麼，所以為了培養孩子的責任感，家長可以適當地讓孩子品嘗一下辦事情不負責任的後果，教孩子如何去面對並接受這次失敗的教訓，從中獲得經驗。如孩子在學校違規受罰，一定要支持老師的做法，不要想方設法去替孩子解圍。孩子接受了懲罰的後果，同時承擔能力也就增強了。

▌不遷就孩子的無理要求

身為家長，不但要支持孩子的選擇，更要對孩子的無理要求、不當做法堅決說「不」。

心理學家形象地說，當代的孩子缺少維他命「N」，維他命「N」就是英文的「NO」。家長應該大膽地對孩子說「不」，因為一個人在成長的過程中難免要遇到一些困難和挫折，如果家長溺愛孩子，完全滿足孩子的欲求，非常不利於孩子將來獨自面對和解決生活中的困難。

「不」，不僅是一個字的回答，而且是一種教養策略。當家長需要的時

候，透過說「不」可以幫助孩子發展出諸如自立、自律、尊重他人、正直、容忍的能力和其他許多對成功至關重要的個性特質。同時，對孩子的無理要求堅決說「不」的家長，會讓孩子從小就知道，他不是家中的特殊人物，他不可能對家長提什麼特殊的要求，也不可能以什麼極端的手段「威脅」家長。他們雖然時時能感受到家長的愛，但是，這愛是有原則的。從小生活在原則中，他們長大也會成為有原則的人。

有一個外國的媽媽領著 8 歲的女兒到華人朋友家做客。朋友準備歡迎客人的晚餐，告訴大家，晚餐準備的是西餐。8 歲的女孩一聽：吃西餐嗎？她覺得華人做的西餐一定不好吃！她就說：「今天我不吃冰淇淋。」因為按照慣例，吃西餐最後上一個甜點，一般是冰淇淋。

沒想到朋友的妻子做的西餐很好吃，冰淇淋也很誘人。一端上來，8 歲的女孩眼睛都亮了，直嚷著：「我也要吃冰淇淋，我也要吃冰淇淋。」但是主人在做的時候是有算人數的，做的份數剛好，並沒有女孩的份。朋友的妻子就想把自己的那一份讓給孩子。

沒想到，外國媽媽說：「NO！我的女兒剛才說過她不吃冰淇淋，她今天就不能吃冰淇淋。」可 8 歲的女兒一個勁地說：「我要吃冰淇淋，我超級想吃冰淇淋。」朋友的妻子心軟了：「給她吃吧！畢竟是孩子嘛。」

可是外國媽媽仍然堅持說：「NO，她自己說不吃，她必須對自己說過的話負責任，今天她不能吃冰淇淋的。」

這位外國媽媽十分理智，是很多家長學習的榜樣。是的，任何時候，都要勇於對孩子說「不」，讓孩子承擔自己做決定的後果。

當然，家長也不應該總是拒絕孩子的願望。如用錯誤的方式說「不」或在錯誤的情境下說「不」，就跟沒說一樣糟糕。所以要知道，該在什麼時候以什麼樣的方式對孩子說「不」。這樣才能使「不」發揮作用。

第七章　告別依賴，追求自立自強

➤ 當對孩子說「不」的時候，家長不應以一副居高臨下的樣子，應該溫柔地告訴他，「這樣做不可以，因為……」當孩子從家長的眼光、語氣和動作中讀到充盈的愛，就會很容易接受家長的建議。

➤ 拒絕孩子之後就一定要堅持下去，千萬不能出爾反爾，因為這樣會讓孩子覺得大人說話不算數，家長以後也會在孩子面前失去威信。如果拒絕孩子後又發現有不妥之處，可以在以後來彌補，但不要當場反悔，尤其是不要因為孩子的撒嬌、哭泣就改變決定。

➤ 在拒絕了孩子後，家長還有一項很重要的事要做，那就是讓孩子明白你拒絕的理由。比如，當孩子想買一個新書包時，你拒絕了。這時，可以向孩子解釋，他的書包本來就很新，完全沒必要重新再買一個，用同樣的價錢買一本新書或是買一個新玩具都比買書包有意義。

➤ 不能威脅孩子。比如，孩子不聽話時，家長會以「不准看卡通」來威脅他，如此的話，家長只會失去自己的尊嚴，並誘發孩子的報復心理。

➤ 家長中一方說了「不」，另一方也不要當著孩子的面反駁，否則孩子容易養成在雙方之間投機取巧的不良習慣。

➤ 切忌用交換條件的方式跟孩子說「不」。家長習慣說「如果你不哭我就買新玩具給你」等，不僅會傷害孩子積極向上的內部動機，同時孩子會效仿家長，養成動不動就講條件的壞習慣。

➤ 如果孩子因為遭到拒絕哭鬧不止，家長可以以理服人，講道理給他聽，採取換位思考的方式，讓孩子理解家長說「不」的苦心。

➤ 不要在別人面前粗暴地拒絕孩子。孩子雖小，但也是有自尊的，如果家長在別人面前大聲地斥責他、反駁他，他也會覺得丟臉。在這種情況下，孩子可能會更加倔強、任性。在公共場所下需要拒絕孩子的時候，家長不妨蹲下來，悄悄地跟孩子說，這樣孩子會更容易接受。

總之，面對孩子的無理要求，家長一定要學會勇敢、巧妙地說「不」。

「狠」下心讓孩子吃苦

最近有一篇新聞報導指出，有一個大學畢業生，因為 5 年找不到工作，為了生計，只好打零工，一氣之下，還燒掉了畢業證書。還有學生看到這段影片後，在網路上回應：「別說 25K，只要給我一份工作，我馬上去！」

現在也有愈來愈多大學畢業即失業的例子。然而從很多資料上顯示，失業的孩子不完全是因為找不到工作，嚴格來說，很多都是因為孩子找不到「符合自己預期的工作」，或是「薪水夠高的工作」，這樣的結果，導致許多大學畢業的孩子選擇延期畢業、繼續讀研究所，或寧願待在家裡當米蟲，也不願意投入企業工作的困境。

六月，正是大學畢業的旺季，為了不讓孩子畢業即失業，當我們的孩子要走出社會和別人競爭前，我們是否應該先檢視一下，孩子具備了哪些能力？除了在學校得到的專業技能，孩子的挫折忍受力、工作的持續力與耐力、挑戰自己的能力，是不是都具備了呢？

過去很多父母都是辛苦過來的，但是，他們寧願苦自己，省吃儉用，也不願意讓孩子受苦，我聽說很多朋友的孩子，一個月甚至有超過一萬元的零用錢，有些孩子大學畢業後，住在家裡 3 年了，爸爸、媽媽也不會逼他，仔細想想，這樣怎麼能幫助孩子自立成長呢？

其實，這位作者所描述的狀況，在我們的身邊何嘗不存在呢？家長捨不得孩子吃苦，結果導致了孩子害怕吃苦、無法吃苦。

一位家庭教育專家說：「吃苦」是一種心理承受力。人在艱苦的環境中，戰勝的不是環境，而是自己。「逼」著孩子去「吃苦」，孩子自己不願意，忍耐力就會降到最低點；加上他們心裡明白，家長逼他們去「吃苦」，

第七章　告別依賴，追求自立自強

是家長對自己平時怕苦的一種懲罰，於是更加強化了「負意識」。還沒出征就失敗了，又怎麼可能去獲得勝利呢？

其實，讓孩子吃苦應該融入日常生活中。家長對孩子不要太溺愛，要讓他吃點苦，受點折騰；無論在生活上還是課業上，要為孩子安排一定的自理任務，孩子能做的，家長絕不要包辦代替。

有個媽媽常常對女兒講安徒生童話中〈豌豆公主〉的故事 ——

一個公主迷路了，走進一個鄰國的城堡。鄰國的皇宮裡沒人相信她是公主。為了驗證她到底是不是一個真正的公主，在為她鋪床時，皇太后在 7 層厚厚的床墊下面放了一粒豌豆。第二天早上起來，公主抱怨說：「是什麼東西硌得我整整一夜都沒睡好，渾身都痛死了。」於是，所有的人都肯定，面前的這個女孩，是一個真正的公主。

講完故事，媽媽問女兒：「妳想做這樣的公主嗎？妳看她一輩子都只能生活在皇宮裡，再好的生活都無法讓她滿足，整天吃不香、睡不著，多痛苦呀！」

這位媽媽還說過這樣一件事：

「家裡裝冷氣時，沒裝在女兒的臥室，她委屈得哭了，說是夏天練琴太熱，需要冷氣，她們班上學鋼琴的同學自己的房間都有冷氣。我覺得她說的有一定道理，就把鋼琴搬到有冷氣的房間，解決了練琴的問題。但她的臥室依然是全家最悶熱的房間。她的思想還沒通，那天晚上，我就在她床頭放了一本《安徒生童話》，把書籤夾在〈豌豆公主〉那一頁。第二天，她不再提起這件事了。4 年後，我們再次搬家時，家裡已經有了 3 臺冷氣。「4 間房間 3 臺冷氣，都給你們用吧！我有個電風扇就可以了。」女兒說，「鋼琴也搬到我自己的房間裡吧！我不要當豌豆公主。」現在，女兒在大學裡，覺睡得很香，休息得很好，而去年我聽說別個縣市有個大學新生，到學校報到後，就

是因為沒有冷氣，幾天後忍無可忍，氣得跳樓自殺了。」

「嚼得菜根，百事可做。」為了孩子的健康成長和全面發展，家長們應該「狠」下心來，鼓勵孩子從小建立不怕吃苦、勇於吃苦的信念，讓孩子經受更多的鍛鍊。

具體來說，讓孩子吃苦可以從以下幾方面做起：

➤ **讓孩子做力所能及的家事**：家長應該督促孩子多做些家事，尤其是孩子自己的事情，盡量讓孩子自己去做。比如，洗臉、穿衣、穿鞋、整理圖書玩具、打掃房間等，這樣既能培養孩子的吃苦精神，又能鍛鍊其生活自理能力。

➤ **有意為孩子設置困難和障礙**：家長在為孩子設置困難和障礙時，要注意孩子的年齡特點，設置障礙的困難程度須是孩子透過努力能夠克服的。例如，孩子拿不到他想要的物品，家長不要馬上拿給他，而要讓孩子透過自己動腦思考，想出辦法，拿到物品。

➤ **培養孩子的抗挫能力**：家長不能光是挖空心思地滿足孩子的要求，而應學日本、瑞士的家長，千方百計地對孩子進行「吃苦教育」：帶孩子登山、露營，讓孩子自己動手撿柴火、備食物，定期讓孩子到艱苦的地方生活，鍛鍊其生活自理、獨立的本領，培養其挑戰困難與挫折的能力。

當然，讓孩子吃苦還應注意技巧。常聽到一些家長一本正經地對孩子說：「今天，我就要讓你嘗嘗吃苦的味道。」其實，這種吃苦教育是沒有意義的，正確的做法應是在孩子玩得最高興的時候，或者在日常生活中，在孩子不知情的情況下進行。同時，吃苦教育不可過分，要在孩子可以承受的範圍內進行。對於家長來說，讓孩子吃苦時，一方面不能表現出心疼和不高興，另一方面也不能後悔自己的行為。

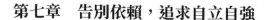

▌他山之石，可以攻玉

親朋好友一起外出郊遊。5 歲的華英很開心地坐在媽媽腿上，而其他孩子在一起開心地玩著遊戲。但華英說什麼也不肯和別的小朋友一起玩。這時候，有一個熱情的大姐姐過來邀請華英一起去玩，但華英緊緊地牽著媽媽的手……華英的媽媽只好說：「不好意思，這孩子就是這樣，依賴性強，怕生！」說完，這位年輕的媽媽寵愛地捏了捏華英的鼻子說，「這丫頭，這麼依賴媽媽，以後長大了怎麼辦呢？」卻並沒有真正把這當一回事。

只有從小培養孩子的獨立意識，才能讓孩子徹底擺脫依賴的心理，建立起自信心。一個有信心的孩子，永遠不會在遇到事情的時候手足無措，陷入孤獨無望的境地。

在八達嶺長城遊覽入口處，一位外國婦女帶著 3 個孩子來遊長城，這 3 個孩子中有兩個跟著母親走，還有一個大約 2 歲，躺在嬰兒車上睡著了。母親要去買票，於是她用不太流利的中文對檢票員說是否可以把孩子放在那裡。得到許可後，她轉身就去買票。過了一段時間，母親還沒有回來，睡在車上的孩子醒了，他看到母親不在，並沒有哭，也沒有害怕，而是把蓋在身上的東西拿開，在旁邊人的幫助下，從嬰兒車裡下來，還與另外兩個孩子玩了起來，絲毫沒有對母親的依賴。

事實上，這個孩子是國外許許多多孩子的縮影，正因為他們的家長意識到培養孩子獨立生活能力的重要性，所以，在孩子還小的時候，他們就努力地培養孩子的自立意識，讓孩子從「心理」上先站了起來，這樣，孩子才有足夠的「經驗」去應對自己遇到的任何事情，做到從容不迫！

那麼，國外的家長是怎麼培養孩子的獨立意識的呢？以下一些範例可供我們學習和借鑑。

➤ **美國家長的做法**：在美國，家庭教育是以培養孩子的開拓精神，能夠成為自食其力的人為出發點的。家長從孩子小時候就讓他們了解工作的價值。讓孩子自己修理機車，到外面工作。即使是富家子弟，也要出外謀生。美國的國中生有句口號：要花錢自己賺。美國前總統雷根的兒子失業後，不依靠父親的權勢，而是自己謀生，自己找工作。

據說，富豪洛克斐勒對子女教育的嚴厲是出了名的 —— 在小洛克斐勒四歲時，有一天，他看到爸爸從外面回來，於是就張開雙手，興沖沖地向父親撲了過去。洛克斐勒並沒有去抱他，而是往旁邊一閃，結果孩子撲了個空，跌倒在地上，哇哇大哭了起來。等孩子哭完之後，洛克斐勒把孩子拉到自己的面前，嚴肅地對他說：「孩子，以後一定要記住，凡事靠自己，不要指望別人，有些時候，連爸爸也是靠不住的！從現在開始學會自立吧！」

也許你會說，洛克斐勒太冷血了，不懂得「愛」孩子！可正是他的「冷血」、不懂「愛」才鑄就了小洛克斐勒堅強、鮮明的個性與強大的獨立意識。也因此才有了「富過三代」的傳奇！如果你還在為自己的孩子還小，做不好事情找理由，那麼，請想想洛克斐勒的教子經驗吧！也許，他會讓你更加明白，雖然孩子現在還弱小，但是總有一天要離開家長，獨立地在社會上闖蕩、生活，小不是藉口，自立能力應該從小培養。

➤ **瑞士家長的做法**：在瑞士，家長為了不讓孩子成為無能之輩，從孩子很小的時候，就開始培養其自食其力的精神。譬如，十六、七歲的女孩，國中畢業就會去一戶有教養的人家當一年左右的女傭，上午工作下午讀書。這樣做一方面可以鍛鍊家務能力，尋求獨立謀生之路；另一方面有利於學習語言。因為瑞士有講德語的地區，也有講法語的地區，所以一個語言地區的女孩通常會到另一個語言地區的人家當傭人。當她們掌握

第七章　告別依賴，追求自立自強

三門語言之後，就可以去銀行等部門就職。在瑞士，長期依靠家長過寄生生活的人，被認為是沒有出息和可恥的。

➤ **日本家長的做法**：在日本，在孩子很小的時候，家長就會給他們灌輸一種思想——不給別人添麻煩。並在生活中注意培養孩子的自理能力和自強精神。全家人外出旅行，不論多麼小的孩子，都要無一例外地背一個小背包。要問為什麼？家長說：「這是他們自己的東西，應該自己來背。」上學後，許多學生要在業餘時間打工賺錢。大學中半工半讀非常普遍，就連有錢人家的孩子也不例外。他們透過在餐廳端盤子洗碗、在商店售貨、做家教等賺自己的學費。

➤ **德國家長的做法**：德國一貫重視培養孩子「勤奮、正直、可靠、樂於助人、作風正派」等品格。因此，家長們從來不包辦孩子的事情。家長將子女視作獨立的個體，給他們足夠的個人空間，讓他們獨立去完成他們自己應該做的事。如，在孩子1歲左右的時候，家長就鼓勵他們自己捧著奶瓶喝牛奶，喝完了，家長會對孩子加以讚許，使孩子充分體驗到「自己的事情自己做」的樂趣。隨著孩子年齡和能力的增長，家長再引導他們完成一些更難的事情。在德國的法律中規定，孩子到14歲就要在家裡承擔一些家事，比如要替全家人擦皮鞋等。德國人常說，他們的首要責任就是讓孩子懂得，一個人走向社會最終要靠自己。因此，應該自立自強！

「授人以魚，不如授人以漁。」對於我們的孩子，應該教授他們生存的本領，而不是為他們做好一切。家長給孩子最好的財富是培養他們的能力，即點金術，而不是留給他們金錢。

第八章
性格內向的孩子也有盎然的春天

　　性格沒有好壞之分，無論是外向的性格還是內向的性格，都各有其優點與缺點，互為補充。如果孩子過度內向，自然要引起家長的重視。但如果孩子內向的性格很難改善，那麼，就勇敢地接受吧！內向性格並非什麼缺陷，再說了，內向的孩子也有很多長處，比如耐心、細緻、做事有定性等，只要懂得揚長避短，自然也會獲得成功。

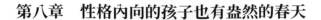

▎改變不了性格，就勇敢接受

內向與外向從本質上沒有多大差異，這只是一種性格的傾向，只是思考方式和行為表現稍有不同而已。

著名心理學家艾森克曾從大腦的生物學性質上研究內向和外向性格的差異，根據他的觀點，內向者的大腦皮層非常敏感，即使是不太強烈的外界刺激，比如光線、雜訊、別人的談話，也會使他們產生強烈的反應，所以為了保護自我，他們會逃避周圍的世界，控制自己的願望或約束自己的行為，以減少自己與他人在接觸中產生的衝突和受到的傷害。而外向者的情形則相反，他們的大腦皮層相對來說不那麼敏感，所以他們需要從外界環境中得到更多的刺激，藉以克服自身大腦皮層的鈍性。艾森克的理論解釋了不同性格的差異，這種差異更多是天生的，與生俱來的。如果從後天環境和周圍影響來看，影響性格差異的原因就更多了。人都是會變化的，內向性格在後天的行為中，一方面隱藏自己，另一方面又改造自己，在追求進步中他們像烏龜比兔子更早實現目標，於是有了另一個驚人的「觀點」：內向性格比外向性格要聰敏一些。

人的一生，兩種個性力量是同時存在的，不誇張地說，內向的個性能力是獲得外向個性能力的前提。正如著名的瑞典籍足球教練埃里克森在《同一性危機》中說的，自我認同是一種精神朝內的灌注。其實，人的個性是複雜的，不可能是單一的。社會是個舞臺，只要喜歡，人人可以表演出不同的個性色彩。很多科學家、哲學家、藝術家和創業者都因為發展了很好的內向能力而讓自己能在浮躁的社會裡沉靜下來，獨立思考，富於創意，最終獲得成就。

其實，內向與外向是性格的一個維度，沒有好壞、優劣之分。內向和外向是一個連續體，內向和外向處在這個連續體的兩端。在實際生活中，這個

連續體的兩側我們都會用到。有人會問：「為什麼我有時候開朗愛說話，而有時候卻不喜歡說話呢？」其實這就是在一個場合用了偏這一側的東西，另一種場合用了偏另一側的東西。我們會有一種天生的傾向於這一側或是那一側的偏好。如果我們更傾向於外向的一側，那我們就是外向性格的人，傾向於內向一側，就是內向性格的人。有人偏外向一側的多些，那麼他的外向性就明顯些；有人偏內向的多些，那麼他的內向性就明顯些。同樣，也會有人正好處在這個連續體的中間，也就是他的偏向各占 50%。並不是說內向性格的人在所有時間、所有場合都內向，在某些時間和某些場合，他同樣可以表現得很外向，只是在大多數時間和場合表現得內向罷了。內向和外向就像我們的左手和右手，在生活中，我們的左手和右手都是必須用到的，只不過要看我們更習慣於用哪隻手罷了。

是啊！內向並不一定就只能做醜小鴨，只要我們挺胸抬頭，大膽地秀出自己，雖然拘謹，但也可揮灑自如，過自己嚮往的生活；雖然不愛表現，但做事踏實、冷靜的風格總是會讓人信服。

▌請為內向的孩子熱烈鼓掌

有不少家長在面對自己內向的孩子時，總是表現出喪氣的樣子，為他們嘆息，似乎這樣的孩子很難適應社會的發展，以後不會有什麼出息。這實在是一種誤解，其實，內向的孩子也有其他孩子所不及的優點，身為家長，不應對他們失去信心，而是應該為他們熱烈鼓掌。

心理學家艾森克做過一份個性問卷，最終對典型的內向性格描述為：安靜，離群，內省，喜歡獨處而不喜歡接觸人；保守，與人保持一定距離（除非摯友）；傾向於做事有計畫，瞻前顧後，不憑一時衝動；日常生活有規律，嚴謹。遵循倫理觀念；做事可靠，很少進攻行為。

第八章　性格內向的孩子也有盎然的春天

　　其實，很多內向者都做了老闆或主管，他們往往比較有主見、有創造力，邏輯和判斷能力也十分強，多給人嚴肅的樣子，具有很高的威信，言語不多卻見解精闢，很有影響力。而性格外向活躍的人往往各方面都混得不錯，卻難以攀登到最高處。

　　以下是某位著名學者總結的內向性格的人的優勢，值得家長們借鑑。

　　第一，性格內向者善於保存精力。研究發現，性格內向者最顯著的特徵是他們精力的來源：性格內向者，從他們的內在世界，如思想、情緒和觀念中獲得精力。他們善於保存精力，但他們容易受到外部世界的刺激，並體驗到不舒服的「刺激太多」的感覺。這種感覺使他們坐立不安，或是遲鈍麻木。無論是哪種情況，他們都需要限制自己的社會交際，以免被弄得精疲力竭。然而，性格內向者需要對他們獨處的時間以及在外界活動的時間加以平衡，否則他們會失去很多的機會和人際關係。精力平穩的性格內向者具有獨立思考、高度集中注意力、創造性地工作的毅力和能力。相比來看，性格外向者最明顯的特徵是什麼呢？他們的精力來源是外部世界，他們是精力的揮霍者。長時間的置身事外、沉思、獨處，或是只與另一人待在一起，難以使他們感覺興奮。然而，性格外向者需要對做事的時間及休息的時間加以平衡，否則，他們會在多種多樣的活動中迷失自我。性格外向者對社會的展示比較多 —— 他們很容易表達自己的想法，他們將注意力集中於活動的結果，他們喜歡人群和活動。

　　第二，性格內向者不一定孤僻。我們經常發現，內向的人不愛動，總是習慣於坐在一個角落，也不愛說話，於是便認為他們偏於孤僻。事實並非如此，性格內向者就像是蓄電池，他們需要停止花費精力，並停下來休息，以便再次充電。對性格內向者最好提供刺激較小的環境，免得他們受到外界影響。他們善於儲存精力，這是他們天生就具有的能力。與此相反，性格外向

者就像是太陽能電池板（釋放型的）。對性格外向者來說，獨處或是沉思，就像是生活在沉重的烏雲之下。太陽能電池板需要太陽來再次充電 —— 性格外向者需要到外部世界去四處活動，以便從外部獲得充沛的精力。大多數性格外向者喜歡參加外界的活動，喜歡在人多、活動多、事情也多的環境中工作。然而，與我們大多數人的認知相反，性格外向者並不一定就比性格內向者好交際或者更活潑。性格內向者，他們是從自己的內部世界獲得精力。與我們對性格內向者的刻板印象相反，他們並不一定就是安靜或孤僻的，但是他們的注意力在自己的頭腦內部。他們需要一個安靜的、適於思考的地方，在那裡全面地思考問題，並使自己恢復充沛的精力。

　　第三，性格內向者更有深度。性格外向者喜歡寬度，他們對任何事情都知曉一點，一般是通曉多方面知識的人。當他們對體驗進行加工時，他們更傾向於從外部世界了解事物，重視感觀和外部刺激，而很少在內心世界留痕，你會發現，那些樂天派的性格外向者都是「健忘蟲」。他們隨時都準備著手做下一件事情，有點貪多顧大，做事喜歡虎頭蛇尾，多樣性是他們刺激和精力的源泉。性格內向者喜歡深度，他們重視的是內心感受，他們限制從外部進入的經驗，但對每一經驗都體驗較深。他們通常只有較少的幾個朋友，但與這些朋友的關係都較為密切。他們喜歡深入地鑽研問題，對某一問題的深入性探討多於寬泛性的追尋。所以有必要將他們思考的問題限制為一個或兩個，否則他們會感到壓力太大。他們從外部世界吸收資訊，不是一味全盤接受，而是思考它、發展它。而且他們會在獲取這些資訊很久以後，還再次地思考它 —— 這有點像牛反芻食物。除了特殊的性格內向者，誰會有那樣的耐心去研究基因配對和原子物理，也很少有人喜歡去鑽研深奧的古埃及文獻。注意，這是他們的領地，請勿打擾，這也是性格內向者憎恨被打擾的原因。要將性格內向者從集中精力的思考中拉出來是件很困難的事

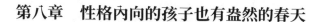

情，他們想要再次達到那種集中精力的狀態要花費大量額外的精力，而這些額外的精力往往是他們所不具備的。

所以，在面對性格內向的孩子時，家長不要只是一味地指責，而應該換一個角度來看待他們，要多關注他們的優勢，經常為他們喝彩、鼓掌。

▍內向的孩子更容易腳踏實地

性格內向的孩子往往容易「沉」下心來，他們很少被外界誘惑，所以更能成就一番事業。

誠然，在這個越來越趨於浮躁的社會裡，心浮氣躁幾乎成了一種社會通病。越來越多的人無法靜下心來踏實做事，每個人都匆匆忙忙，每個人都迫切地希望用最快的方式獲得成功。孩子也一樣，因為過於急功近利，導致很多事情做不好。這樣，越是心情迫切，離成功也就越遠。

「羅馬不是一日建成的」，任何成功都是日積月累的結果。而性格內向的孩子做任何事情都踏踏實實，反而更容易接近成功。

豬媽媽有三個孩子，老大、老二和老三。他們的性格截然相反，老大比較外向，老二屬於中和 —— 內外向兼之，老三則比較內向。

一天，豬媽媽說：「孩子們，你們已經長大了，每個人去蓋一間房子吧，看誰的本領大！」

老大用稻草很快就蓋了一個漂亮的稻草房子，睡起覺來。

老二一看哥哥的房子都蓋好了，他聽說木房子既結實又好看。於是就拾來幾根木棍，蓋起了木房子。很快，木房子也蓋好了，老二開心地睡起午覺來。

只有老三想好好建一個結結實實的磚房子。老大、老二睡醒了來找老三玩，但老三還在認真地蓋房子，沒有時間理他們。到了傍晚，老三終於蓋好

了一個又結實又漂亮的磚房子。

有一天，從樹林裡來了一隻大灰狼。這只大灰狼已經很久沒有吃東西了，牠餓得嗷嗷直叫。

大灰狼看見老大的稻草房，就「呼」地吹了一口氣，草房子被吹散了。

老大拔腿就跑到老二的木房子裡，大灰狼追上來惡狠狠地說：「別以為躲進木房子，我就吃不了你們，我照吃不誤！」說著，大灰狼又用力地吹了幾下，不一會木房子也被吹散了。

老大、老二連忙跑到老三的磚房子裡躲了起來。大灰狼追過來，用盡全身的力氣，「呼呼」地吹起來，可是磚房子卻紋絲不動。

大灰狼又氣又累，他看見屋頂上有一個煙囪，便想從上面爬進老三的房子裡。

聰明的老三早已在煙囪下燒開了一大鍋滾燙的熱水。大灰狼爬進來時，正好掉進了大鍋裡，過沒多久就被燙死了。

老大、老二覺得很慚愧，都是因為貪快才建了不結實的房子，導致自己差點被狼吃掉了。他們決心以後向老三學習，做什麼事情都踏踏實實、不貪快了。

看吧！性格內向的老三做事是多麼踏實，而老大、老二則不然。透過這個寓言故事，我們知道，做事不踏實的人最終很可能會吃大虧。

做事不踏實的孩子行動盲目，缺乏思考和計畫，他們做事往往心神不定，缺乏恆心和毅力、見異思遷，急於求成，無法腳踏實地。誰也不會信任一個做事情毛毛躁躁、缺乏定性的人，所以，這樣的孩子最終只會一事無成。

做事情不踏實的孩子耐不住寂寞，無法靜下心來，所以，他們經常會稍不如意就輕易放棄，不肯為一件事傾盡全力。做任何事情，總是「東一榔頭

西一棒槌，既想要魚也不想放棄熊掌」。因為根本無法將心專注於某一件事情上，做什麼事情都只是浮光掠影、蜻蜓點水似的，所以導致徒勞無功。

更有甚者，做事不踏實還容易釀成悲劇。

美國「哥倫比亞」號太空梭墜毀了。在經過調查以後，人們對太空梭墜毀的原因有了初步的結論。原因是太空梭在返回大氣層時，機翼受到星際間物質撞擊後，產生輕微的裂縫，在與大氣產生劇烈摩擦後，太空梭在空中解體，7 名太空人全部葬身藍天。

直接導致飛機墜毀的原因是殼體材料不過關。這個結論是震驚科學界的。不是因為這是一個技術缺陷，而是因為這就是一個普通的常識性問題。關於太空梭防護層的保護，幾十年前就解決了，而在科學技術發展到今天的時候，人類竟然會在這個常識性問題上釀成大錯。

揭開這個謎底的人叫詹姆斯‧哈洛克，他是事故調查組的成員。在事故調查中，一個偶然的機會，哈洛克說看到了太空梭失事後工程師向他提供的碳製高溫保護板的說明書，一份 25 年前印製的小冊子，上面寫著：碳製保護板的設計強度是「可以承受 0.006 英尺磅」的動能。

哈洛克對這句話表示懷疑，他訂製了一盒鉛筆，進行反覆測算，最終得出結論：一支普通的鉛筆從 15.24 公分的高度自由落體時產生的衝擊力就是「哥倫比亞」號太空梭保護板的設計強度！任誰都可以想像，這種設計強度根本不足以保護太空梭這種龐然大物，謎底就這樣被揭開了。

這塊保護板造價 80 萬美元，是用來保護機翼不被燃料作用時的超高溫熔解的，但對於價值 180 億美元的「哥倫比亞」號來說，當它準備去沐浴「槍林彈雨」之際，工程師為它建造的保護板卻僅能防護一支鉛筆的衝擊。

當「哥倫比亞」號在空中飛行時，一個豌豆大的物體就能產生相當質量為 180 公斤的物體產生的衝擊力，也足以給「哥倫比亞」號沉重的打擊。「哥

倫比亞」號能返回大氣層，已經足夠幸運了。

「哥倫比亞」號的悲劇在提醒我們，高科技的基礎在於細節，只有踏實做好每一個細節工作，才能避免類似的悲劇再發生。在我們的生活中，同樣只有踏實做好每一件小事情，才能避免一些不必要的麻煩，減少一些完全可以杜絕的悲劇發生。

相比之下，性格內向的孩子更容易腳踏實地，家長應多給予肯定，讓他們的優勢能夠持續下去。

性格內向的孩子不易衝動

很多事例顯示，在面對一些突發性事件時，性格內向的孩子往往比性格外向的孩子更冷靜，處理起來更得體、更順利。

培根說：「衝動就像地雷，碰到任何東西都一同毀滅。」顯然，在很多令我們悔恨的往事當中，都不難找到衝動的影子。因為衝動，有人錯上賊船；因為衝動，有人痛失愛人；因為衝動，有人鋌而走險……家庭的不幸、工作的不順、人緣的惡劣等問題，不少都源於衝動行事所種下的惡果。衝動的時間一般很短，有時甚至只有區區幾秒鐘，但其造成的後果常常能夠讓人們後悔一輩子。衝動的負面影響有如下幾方面：

第一，衝動不利於身心健康。生理學家認為：人的心與人的身體組成了生命的整體，兩者之間又是相互調節與被調節，作用與被作用的關係。此外，人在衝動、發怒時，精神心理會過度緊張，造成心臟、胃腸以及內分泌系統功能的失常，時間長了，必然要引起多種疾病，對身心健康大為不利。

第二，衝動影響人際關係。性格衝動的人往往脾氣比較暴躁，與其他人交流容易產生矛盾。而引起矛盾的誘因多數是因為一些小事，話不投機半句多，輕者發生爭吵，重者拳頭相向。在一個團體裡面，你必須和周圍的人進

第八章　性格內向的孩子也有盎然的春天

行接觸，如果你因為衝動和別人鬧得不愉快，勢必影響一個團體的團結。大家在一個環境裡生活，都希望有一個和睦相處的氛圍，更希望得到周圍人的尊重和理解。而性格衝動的人往往認為以聲壓人，以拳服人，就能建立自己的威望。其實剛好相反，如果你性格很衝動，動不動就和周圍的人過不去，別人自然會厭煩你，對你敬而遠之，長此以往，不僅得不到周圍人的尊敬和理解，還會失去真正的朋友和友誼，以致感到孤獨和寂寞。無論是在公司還是在一個團隊裡，只有加強性格修養，才能得到別人的尊重和理解，才能建立良好的人際關係。

第三，衝動的人難以獲得進步。每個人都長期生活在一個團隊裡，都想在這個團體裡獲得進步，取得好成績。但如果孩子的性格過於衝動，就很難獲得進步。一方面，衝動的孩子容易受挫折。有些孩子在平時的學業、生活中都表現不錯，就是愛衝動，容易做錯事。另一方面，性格衝動的孩子往往很難得到他人喜歡和認可。每個團體都有嚴格的紀律，性格衝動的孩子往往沒有辦法忍受紀律的約束，受到批評或者委屈時，會變得衝動，喜歡和他人鬥嘴，次數多了，必定引起反感，這對孩子的發展是不利的。

第四，衝動的孩子容易走向犯罪的道路。在所有導致嚴重後果的衝動中，對社會、對自己危害最大的莫如「激情矛盾」。在電腦中以「激情殺人」為關鍵字搜尋文章，有 193 萬多篇相關結果顯示主人公是因為衝動而動手的。比如，有些員工因受到侮辱而操刀，有些人因為言辭衝突而動手。這樣的例子真是數不勝數。

因為不善於控制自己的情緒，由激動情緒造成的灼熱的「岩漿」會不時地噴射出來傷害別人。這就會為孩子造成人際關係的不和諧，為孩子的學業、生活甚至是將來的工作帶來嚴重的影響。而內向的孩子一般遇事都比較冷靜，不易衝動，冷靜能讓孩子控制好自己受刺激時的心情，給自己一個寧

靜的環境，也為他人減輕心理負擔。冷靜還可以使人放鬆神經，讓大腦得到適當的休息，使不良情緒得到緩解，心理壓力減弱，從而感到心情愉快、舒暢。此外，冷靜的孩子一般都能掌控自己的情緒，使自己始終能夠沉著地應對各種問題。

在社會裡生存，學會冷靜是很重要的一件事。哈佛大學的一項研究顯示：獲得成功、成就、升遷等結果的 85% 是因為我們的正確情緒，而僅有的 15% 是由於專門的技術。美國心理學之父威廉‧詹姆斯也說過：「這一劃時代的重大發現使我們可以從控制情緒來改變生活。」

在人的一生中，總會遇到許多人際關係和事業上的不如意，這些不如意需要以智慧和耐心去解決，而不是一時的衝動和脾氣。一個人如果不懂得自我控制，往往被人看得輕淺、無知，認為他經受不住痛苦、挫折和失敗。相反，冷靜、自控能使孩子的生活之路更平坦一些。

▎性格內向的孩子更易集中注意力

仔細觀察那些性格內向的孩子，我們不難發現，他們幾乎都有一個共同的特點：注意力集中，專注能力強。這是因為性格內向的孩子心無旁騖的結果。對此，我們應為性格內向的孩子感到高興。專心做一件事情，並把這件事情做好，是每個人都應該具備的良好品格。

俄國教育家烏申斯基說過：「注意是心靈的天窗。」只有打開注意力的這扇窗戶，智慧的陽光才能撒滿心田。注意力是孩子學習和生活的基本能力，注意力的好與壞直接影響孩子的認知和社會性情感等各方面的發展及其入學後的學業成績。

在孩子的讀書生涯中，我們與其不斷地操心孩子的成績，不如培養孩子專注的能力。只要孩子的注意力集中了，他的成績怎麼可能不優秀呢？

第八章　性格內向的孩子也有盎然的春天

　　法國作家莫泊桑，很小便表現出了出眾的聰明才智。

　　一天，莫泊桑跟舅父去拜訪他舅父的好友——著名作家福樓拜。舅父想推薦福樓拜做莫泊桑的文學導師。可是，莫泊桑卻驕傲地問福樓拜究竟會些什麼？福樓拜反問莫泊桑會些什麼？莫泊桑得意地說：「我什麼都會，只要你知道的，我就會。」

　　福樓拜不慌不忙地說：「那好，你就先和我說說你每天的學習情況吧！」

　　莫泊桑自信地說：「我上午用兩個小時來讀書寫作，用另兩個小時來彈鋼琴，下午則用一個小時向鄰居學習修理汽車，用三個小時來練習踢足球，晚上，我會去燒烤店學習怎樣製作燒鵝，星期天則去鄉下種菜。」說完後，莫泊桑得意地反問道：「福樓拜先生，您每天的工作情況又是怎樣的呢？」

　　福樓拜笑了笑說：「我每天上午用四個小時來讀書寫作，下午用四個小時來讀書寫作，晚上，我還會用四個小時來讀書寫作。」

　　莫泊桑不解地問：「難道您就不會別的了嗎？」

　　福樓拜沒有回答，而是接著問：「你究竟有什麼特長？比如有哪樣事情你做得很好的。」

　　這下，莫泊桑答不上來了。於是他便問福樓拜：「那麼，您的特長又是什麼呢？」福樓拜說：「寫作。」

　　原來特長便是專心地做一件事情。於是莫泊桑下定決心拜福樓拜為文學導師，一心一意地讀書寫作，最終取得了豐碩的成果。

　　只有專心致志地做一件事情，才能夠獲得成功。注意力分散，所學的東西也一定只是皮毛，不會深入，更談不上把它做好。

　　張女士有一個女兒，今年在市區某國小讀一年級。開學才 3 個多月，老師就已經多次找張女士，反映孩子上課時經常東張西望、小動作多、愛玩弄

橡皮擦、鉛筆或者小紙片等。老師說，有時候，這個孩子還會扯周圍小同學的衣服或與同學說話。考試時常常因為粗心大意而出錯，如看錯數字、看錯加減號，寫字時不是多一筆就是少一筆等。張女士說，女兒不僅在學校表現粗心，在家裡讀書時，也常常無法集中思考。「在家裡做作業時，經常是寫一下子，起來喝點水，吃點零食，動動玩具。通常半小時能寫完的作業，卻需要一兩個小時才能完成，而且字跡潦草，小錯誤多。」同時，張女士發現女兒平時丟三落四，經常找不到自己的玩具、讀書文具用品等，甚至忘記老師交代的作業，偶爾還會情緒低落，容易發脾氣。「我們做父母的平時工作都很忙，回來還要『折騰』她，但是你再怎麼努力，她的成績就是上不去，讓人擔心，又覺得自己很辛苦、很累。」張女士很無奈。她找到了心理諮商中心，希望心理專家能針對孩子的情況，幫忙進行心理輔導。「現代家長越來越關心孩子注意力能力的培養，最近來諮詢這類問題、尋求幫助的個例也居高不下。」諮商心理師介紹說，孩子的學業問題一直都是父母的痛點，每個父母都希望自己的孩子能夠安心讀書、認真做作業，在學業上取得好成績。但事實上，注意力特質的優劣直接影響著學業成績的好壞，有部分孩子會出現注意力不集中、多動的現象。

對孩子來說，注意力分散是一個比較普遍的問題。它為孩子帶來的危害不小：

➤ **讀書花費時間長**：注意力渙散的孩子，對相同知識的學習時間與注意力集中的孩子比，要多花 40%～ 60%的時間，因而學業的負擔就會比別的孩子重。這樣會失去玩耍、運動、課外閱讀的許多時間，孩子的課業很難進入良性循環。

➤ **讀書效率低，記憶力差**：有經驗的老師指出，學生學業成績不理想可能與注意力不穩定有關。有人做過這樣的實驗：如果在注意力高度集中時

背課文，只需要讀 9 遍就能達到背誦的程度，而同樣的課文，在注意力渙散時，竟然讀了 100 遍才能記住。因此有些專家說：「哪裡有注意，哪裡才會有思考和記憶。」如果沒有了注意力，孩子必然讀書效率低下，記憶能力差。

➤ **很難勝任難度大的課業內容**：一般來說，解難度大的題需要持續思考較長的時間，好多孩子因為無法集中注意力、持續地思考一個問題，所以解難題很難成功，這樣他們就很難學好難度大的課業內容。

➤ **思維速度和書寫速度也很難達到高水準**：注意力不集中會導致孩子思考和書寫的速度大大降低。到了國中，學科內容成倍增加，注意力渙散的孩子就更感覺困難，完全掌握不了讀書的主動權，課業一定會落在別人後面。成績差很容易使孩子失去讀書興趣，喪失自信，這樣成績可能會更差。結果，就會造成惡性循環。

鑑於此，家長要注重保護性格內向孩子的良好注意力，讓專注的特質伴隨孩子的一生。

謙虛有助於孩子走得更遠

「謙虛是美德的護衛。」謙虛並不是要你把自己想得很糟，而是讓你更深刻地了解自己的長處與短處，把姿態放得更低一些。

愛因斯坦是 20 世紀世界上最偉大的科學家之一，他的相對論以及他在物理學界的其他方面的研究成果，留給我們的是一筆取之不盡、用之不完的財富。然而，像他這樣一個人，在有生之年中，依然在不斷地學習、研究，活到老，學到老。

有人去問愛因斯坦，說：「您在物理學界的成就已經是空前絕後了，何必還要孜孜不倦地學習呢？何不舒舒服服地休息呢？」

謙虛有助於孩子走得更遠

愛因斯坦並沒有立即回答他這個問題。他找來一支筆、一張紙，在紙上畫上一個大圓和一個小圓，對那位年輕人說：「目前情況下，在物理學這個領域裡，我可能是懂得比你略多一些。正如你所知的是這個小圓，我所知的是這個大圓一樣。然而，整個物理學知識是無邊無際的，對於小圓，它的周長小，即與未知領域的接觸面小，他感受到自己的未知少；而大圓與外界接觸的這一周長大，所以更感到自己的未知東西多，會更加努力地去探索。」那個人聽了，慚愧地低下了頭。

看吧！像愛因斯坦這樣有成就的人都覺得自己沒有「驕傲」的資本，我們普通人又怎麼能驕傲自大呢？只懂得一點點，卻總以為自己懂得很多，這是多麼讓人害臊啊！

高明勇是一家木材公司的推銷員，他多年與那些冷酷無情的木材審查員打交道，常常發生口角，雖然最後的結果往往是他贏，但公司卻總是賠錢。為此，他決定改變策略，不再和別人發生口角。

有天早上，他辦公室的電話鈴響了，一個人急躁不安地在電話裡通知他說，木材公司運到他的工廠的一車木材都不合格，他們已停止卸貨，要求高明勇立即把貨從他們的貨場運回去。原來在木材卸下四分之一時，他們的木材審查員報告說這批木材低於標準 50%，鑑於這種情況，他們拒絕接受木材。高明勇立刻起身向那家工廠趕去，一路上他都在想著怎樣才能最妥當地應付這種局面。通常，在這種情況下，他一定會找來判別木材等級的標準規格據理力爭，根據自己多年做木材推銷員的經驗與知識，力圖使對方相信這些木材達到了標準，錯的是對方。然而，這次他決定改變做法，打算用新學會的「謙遜」原則去處理問題。高明勇趕到場地，看見對方的採購員和審查員一副激憤神態，擺開架勢準備吵架。高明勇陪他們一起走到卸了一部分的貨車旁，詢問他們是否可以繼續卸貨，這樣高明勇可以看一下情況到底怎樣。高

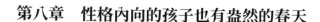

第八章　性格內向的孩子也有盎然的春天

明勇還讓審查員像剛才那樣把要退的木材堆在一邊，把好的堆在另一邊。

看了一陣子，高明勇就發現，對方審查得過分嚴格，判錯了標準。因為這種木材是白松。而審查員對硬木很內行，卻不懂白松木。白松木恰好是高明勇的專長，不過，高明勇一點也沒有表示出反對對方的木材分類方式的態度。相反，他一邊觀察一邊詢問問題，他在提問時顯得非常友好、合作，並告訴他們完全有權把不合格的木材挑出來。這樣一來，審查員變得熱情起來，他們之間的緊張開始消除。漸漸地，審查員整個態度都變了，他終於承認自己對白松毫無經驗，開始對每一塊木料重新審查並虛心徵求高明勇的看法。

結果是他們接受了全部木材，高明勇拿到了全價的支票。

這個故事給我們的啟迪是：一個懂得謙虛的人是真正懂得積蓄力量的人，這恰好能夠使一個人在生活、工作中不斷累積經驗與能力，最後到達成功的彼岸。

現在，讓我們透過一則寓言故事來看一看驕傲自大的後果吧 ——

鷹王和鷹后從遙遠的地方飛到遠離人類的森林裡。牠們打算在密林深處定居下來，於是就挑選了一棵又高又大、枝繁葉茂的橡樹，在最高的一根樹枝上開始築巢，準備夏天在這裡孵養後代。

鼴鼠聽到這個消息。大著膽子向鷹王提出警告：「這棵橡樹可不是安全的住所，它的根幾乎爛光了，隨時都有倒掉的危險。你們最好不要在這裡築巢。」

「嘿，這真是怪事！老鷹還需要鼴鼠來提醒嗎？你們這些躲在洞裡的傢伙，難道能否認老鷹的眼睛是銳利的嗎？鼴鼠是什麼東西，竟然膽敢跑出來干涉鳥大王的事情？」鷹王根本瞧不起鼴鼠的勸告，立刻動手築巢，全家當天就搬了進去。

不久，鷹后孵出了一窩可愛的小傢伙。

一天早上，太陽升起來的時候，外出打獵的鷹王帶著豐盛的早餐飛回家來。然而，那棵橡樹已經倒掉了，牠的鷹后和牠的子女都已經摔死了。

看見眼前的情景，鷹王悲痛不已，牠放聲大哭道：「我多麼不幸啊！我把最好的忠告當成了耳邊風，所以，命運就對我給予這樣嚴厲的懲罰。我從來不曾料到，一隻鼴鼠的警告竟會是這樣準確，真是怪事！真是怪事！」

「輕視從下面來的忠告是愚蠢的。」謙恭的鼴鼠答道，「你想一想，我就在地底下打洞，和樹根十分接近，樹根是好是壞，有誰還會比我知道得更清楚呢？」

是呀！一個人如果因為自己在某方面比別人強，就看不起別人，輕視他人，無視他人的忠告和建議，很可能會落個可悲的下場。切記，一個人只有謙虛地為人處世，才會在人生的道路上不斷取得突破。

被消音的童言童語：

自卑膽怯、社交恐懼、孤獨封閉……那些「安靜」背後的原因，家長了解多少？

主　　編：陳盈如，趙華夏

發 行 人：黃振庭

出 版 者：崧燁文化事業有限公司

發 行 者：崧燁文化事業有限公司

E-mail：sonbookservice@gmail.com

粉 絲 頁：https://www.facebook.com/
　　　　　sonbookss/

網　　址：https://sonbook.net/

地　　址：台北市中正區重慶南路一段六十一號八
　　　　　樓 815 室

Rm. 815, 8F., No.61, Sec. 1, Chongqing S. Rd.,
Zhongzheng Dist., Taipei City 100, Taiwan

電　　話：(02)2370-3310

傳　　真：(02)2388-1990

印　　刷：京峯彩色印刷有限公司（京峰數位）

律師顧問：廣華律師事務所 張珮琦律師

定　　價：350 元

發行日期：2023 年 01 月第一版

◎本書以 POD 印製

國家圖書館出版品預行編目資料

被消音的童言童語：自卑膽怯、社
交恐懼、孤獨封閉……那些「安
靜」背後的原因，家長了解多少？
/ 陳盈如，趙華夏主編 . -- 第一版 .
-- 臺北市：崧燁文化事業有限公司，
2023.01
面；　公分
POD 版
ISBN 978-626-332-959-1(平裝)
1.CST: 家庭教育 2.CST: 兒童教育
528.2　　111019294

電子書購買

臉書